Jack Stevenson
Tod Brownings
FREAKS

Aus dem Amerikanischen
und mit einem Essay von Hans Schmid

Belleville

Verlag und Autoren danken
Graf Haufen, Klaus Volkmer und Erich »Waco« Wagner

Deutsche Erstausgabe
Alle Rechte vorbehalten
© 1997 belleville Verlag Michael Farin Hormayrstr. 15 80997 München
Herstellung: Roland Hepp
Repros: Repro Bayer, München
Druck und Bindung: Steinmeier, Nördlingen
ISBN 3-923646-20-8

INHALT

Freaks

THE CAST

Phroso	Wallace Ford
Venus	Leila Hyams
Cleopatra	Olga Baclanova
Roscoe	Rosco Ates
Hercules	Henry Victor
Hans	Harry Earles
Frieda	Daisy Earles
Madame Tetrallini	Rose Dione
Siamese Twins	Daisy and Violet Hilton
Rollo Brothers	Edward Brophy and Mat McHugh

The Story

Although Hans, a midget in Mme. Tetralini's circus in France, is engaged to Frieda, the midget bareback rider, he is really infatuated with the beautiful but unscrupulous Cleopatra, a trapeze performer who is carrying on a love affair with Hercules, "strong man" of the troupe.

Cleopatra secretly laughs at the attentions of the little midget, but when she learns that he has inherited a fortune from a rich uncle, she enters into a plot with Hercules by which she is to marry Hans after which she will poison him and run away with Hercules.

The broken-hearted Frieda confides her troubles to Phroso, the clown, and to Venus, the seal tamer, whom Phroso intends to make his wife. These two take a kindly interest in all the sideshow freaks whom Hercules and Cleopatra despise, but despite all their attempts to warn Hans, the midget marries Cleopatra.

A wedding feast is held in a tent after the ceremony at which Cleopatra openly humiliates Hans by carrying on in a drunken orgy with Hercules. He now begins to realize the true nature of the woman he has married. All the freaks are at the feast and in a hilarious mood, vote to adopt Cleo as one of them, since she is now the wife of a midget. Cleopatra flies into a rage at this gesture and drives the freaks from the tent

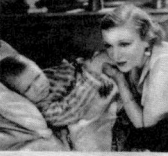

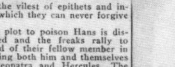

with the vilest of epithets and insults which they can never forgive her.

The plot to poison Hans is discovered and the freaks rally to the aid of their fellow member in avenging both him and themselves on Cleopatra and Hercules. The latter try to escape but are caught and made the victims of a horrible ritual.

"We accept her as one of us!" the freaks chant, "accepting" Cleopatra by transforming her into a freak, and the horribly mutilated woman is finally seen on exhibition in one of the "pits" of the sideshow she once scorned. Hercules, too, is the victim of a grim revenge.

Hans and Frieda are reunited and marry, as do Phroso and Venus.

ROSCOE ATES

TOD ROBBINS

SPOREN

1

Jacques Courbé war ein romantischer Phantast. Er maß zwar
nur 70 Zentimeter von den Sohlen seiner winzigen Füße bis zur
Haarkrone seines Kopfes, aber wenn er auf seinem tapferen
Roß, St. Eustache, in die Arena ritt, fühlte er sich wie ein küh-
ner Ritter von ehedem, bereit, sich für seine Dame zu schlagen.

Was spielte es da für eine Rolle, daß St. Eustache nur in der
Phantasie seines Herrn ein tapferes Roß, in Wirklichkeit aber
nicht einmal ein Pony war, sondern ein großer Hund unbe-
stimmbarer Rasse, mit der langen Schnauze und den hochstehenden Ohren eines Wolfs? Was spielte es für eine Rolle, daß
Monsieur Courbés Einritt ausnahmslos mit höhnischem Gelächter sowie einem Bombardement von Bananen- und Orangenschalen begrüßt wurde? Und was spielte es für eine Rolle,
daß er keine Dame hatte und daß seine Taten nichts anderes
waren als das Nachäffen der Kunstreiter, die vor ihm auftraten?
Spielten all diese Dinge etwa eine Rolle für den winzigen Mann,
der in einer Traumwelt lebte und der entschlossen seine
Knopfaugen vor der tristen Wirklichkeit des Lebens verschloß?

Der Zwerg hatte keine Freunde unter den anderen Mißgeburten in Copos Zirkus. Er galt als übellaunig und selbstgefällig,
und er verabscheute sie, weil sie sich mit den Dingen abfanden,
wie sie waren. Die Phantasie war die Rüstung, die ihn vor den
neugierigen Blicken einer grausamen, gaffenden Welt schützte,
vor den schneidenden Peitschenhieben des Spotts, vor dem
Bombardement aus Bananen- und Orangenschalen. Ohne sie
wäre er verwelkt und längst gestorben. Aber diese anderen?
Ach, sie hatten keine Rüstung außer ihrem eigenen dicken Fell!
Die Tür, die sich in das Königreich der Phantasie auftat, war

ihnen verschlossen und verriegelt; und obwohl sie diese Tür gar nicht öffnen wollten, obwohl sie nicht vermißten, was hinter ihr lag, waren sie doch voller Groll und Mißtrauen jedem gegenüber, der den Schlüssel zu ihr besaß.

Nun begab es sich aber, nach vielen erniedrigenden Vorstellungen in der Arena, die nur die Phantasie schmackhaft machte, daß die Liebe das Zirkuszelt betrat und Monsieur Jacques Courbé gebieterisch zu sich winkte. Augenblicklich versank der Zwerg in einem Meer wilder, stürmischer Leidenschaft.

Mademoiselle Jeanne Marie war eine verwegene Kunstreiterin. Monsieur Jacques Courbés Herz stand still, als er an jenem Abend ihres ersten Auftritts in der Arena ihre brillante Vorstellung auf dem breiten Rücken ihrer bejahrten Stute Sappho sah. Sie war eine große, blonde Frau, der Amazonentyp, und sie hatte runde, babyblaue Augen, in denen sich kein Funke ihrer habgierigen Bauernseele fand, karminrote Lippen und lange, große weiße Zähne, aus denen unablässig ein Lächeln blitzte, und Hände, die, zur Faust geballt, beinahe so groß wie der Kopf des Zwerges waren.

Ihr Partner war Simon Lafleur, der Romeo des Zirkuszelts – ein dunkelhäutiger, herkulischer junger Mann mit kecken schwarzen Augen und Haaren, die von Fett glänzten wie der Rücken von Solon, dem dressierten Seehund.

Von der ersten Vorstellung an liebte Monsieur Jacques Courbé Mademoiselle Jeanne Marie. Sein ganzer winziger Körper zitterte vor Verlangen nach ihr. Ihre drallen Reize, in Trikot und Flitter so großzügig enthüllt, ließen ihn erröten und die Augen niederschlagen. Die Freiheiten, die Simon Lafleur erlaubt waren, die akrobatischen Körperkontakte brachten das Blut des Zwerges zum Kochen. Auf St. Eustache thronend, am Eingang wartend, bis er an der Reihe war, knirschte er vor ohnmächtiger Wut mit den Zähnen, wenn er sah, wie Simon immer und immer wieder im Kreis um die Manege ritt und dabei stolz auf Sapphos Rücken stand und Mademoiselle Jeanne Marie in einer ekstatischen Umarmung hielt, während sie mit einem wohlgeformten, mit Flitter besetzten Bein gen Himmel trat.

»Ah, der Hund!« murmelte Monsieur Jacques Courbé dann.
»Der Tag kommt, an dem ich diesen ungeschlachten Stallburschen in seine Schranken weise! *Ma foi*, ich werde ihm die Flügel stutzen!«

St. Eustache teilte die Bewunderung seines Herrn für Mademoiselle Jeanne Marie nicht. Von Anfang an bekundete er seinen von Herzen kommenden Abscheu durch leises Knurren
und ein grimmiges Zurschaustellen langer, scharfer Fangzähne.
Es war nur ein geringer Trost für den Zwerg zu wissen, daß
St. Eustache noch deutlichere Zeichen des Zorns zeigte,
wenn Simon Lafleur sich ihm näherte. Und es schmerzte Monsieur Jacques Courbé, daß sein tapferes Roß, sein einziger
Gefährte, sein Bettgenosse, die herrliche Riesin, die jeden
Abend Leib und Leben vor der ehrfürchtigen Menge riskierte,
nicht ebenfalls liebte und bewunderte. Oft, wenn sie allein
waren, schalt er St. Eustache wegen seines flegelhaften Beneh-
mens.

»Ah, du Teufel von einem Hund!« rief der Zwerg dann.
»Warum mußt du immer knurren und deine häßlichen Zähne
zeigen, wenn die wunderschöne Jeanne Marie sich herabläßt,
von dir Notiz zu nehmen? Hast du keine Gefühle unter deinem
dicken Fell? Du Köter, sie ist ein Engel, und du fauchst sie an!
Weißt du nicht mehr, wie ich dich gefunden habe, ein halb ver-
hungertes Hündchen in einem Rinnstein in Paris? Und jetzt
bedrohst du die Hand meiner Prinzessin! Das also ist deine
Dankbarkeit, du großes haariges Schwein!«

Monsieur Jacques Courbé hatte einen einzigen lebenden Ver-
wandten – kein Zwerg, wie er selbst, sondern ein Mann von
angenehmer Gestalt, ein wohlhabender Bauer, der gleich außerhalb der Stadt Roubaix lebte. Der ältere Courbé hatte nie geheiratet, und so wurde eines Tages, als er an Herzversagen starb,
sein winziger Neffe – für den, wie wir gestehen müssen, der
Bauer stets eine instinktive Abneigung empfunden hatte – der
Erbe eines komfortablen Besitzes. Als ihm die Kunde über-
bracht wurde, warf der Zwerg beide Arme um den zottigen
Hals von St. Eustache und rief aus:

»Ah, jetzt können wir uns zur Ruhe setzen, heiraten und uns niederlassen, alter Freund! Ich bin das Vielfache meines Gewichts in Gold wert!«

An jenem Abend erklang ein leichtes Klopfen an der Tür von Mademoiselle Jeanne Marie, die gerade dabei war, nach der Vorstellung ihr buntes Kostüm abzulegen. »Herein!« rief sie, denn sie glaubte, es sei Simon Lafleur, der versprochen hatte, sie an diesem Abend auf ein Glas Wein in den Wilden Eber auszuführen, um das Sägemehl aus der Kehle zu waschen. »Komm herein, *mon chéri*!«

Die Tür öffnete sich langsam, und herein trat Monsieur Jacques Courbé, in stolzer, aufrechter Haltung, einem Höflingsgewand aus Seide und Spitzen, an der Hüfte ein winziges Schwert mit goldenem Griff. Schon kam er näher, und seine Knopfaugen funkelten angesichts der mehr als nur teilweise enthüllten Reize seiner robusten Dame. Er kam bis auf einen knappen Meter an die Stelle heran, wo sie saß, dann ging er auf ein Knie und preßte seine Lippen auf ihren rotbeschuhten Fuß.

»Oh, allerschönste und wagemutigste Dame«, rief er, mit einer Stimme so schrill wie eine Nadel, die über eine Fensterscheibe kratzt, »wollen Sie sich nicht des unglücklichen Jacques Courbé erbarmen? Er hungert nach Ihrem Lächeln, und ihn dürstet nach Ihren Lippen! Die ganze Nacht wirft er sich auf seinem Lager hin und her und träumt von Jeanne Marie!«

»Was ist das für eine Komödie, mein tapferer kleiner Kerl?« fragte sie und bückte sich mit dem Lächeln eines menschenfressenden Ungeheuers. »Hat Simon Lafleur dich geschickt, um mich zu hänseln?«

»Simon soll die Schwarze Pest holen!» schrie der Zwerg, und aus seinen Augen schienen blaue Funken zu sprühen. »Das ist keine Komödie. Es ist nur zu wahr, daß ich Sie liebe, Mademoiselle, daß ich Sie zu meiner Dame machen will. Und jetzt, da ich ein Vermögen besitze, jetzt, da – « Er brach plötzlich ab, und sein Gesicht glich einem vertrockneten Apfel. »Was soll das, Mademoiselle?« sagte er im tiefen, summenden Ton einer Hornisse, die gleich zusticht. »Lachen Sie über meine Liebe? Ich warne Sie, Mademoiselle – lachen Sie nicht über Jacques Courbé!«

Mademoiselle Jeanne Marie hatte so sehr mit ihrer Belustigung zu kämpfen, daß ihr großes, blühendes Gesicht purpurrot angelaufen war. Ihre Lippen zuckten in den Mundwinkeln. Das war alles, was sie tun konnte, um nicht in ein lautes Lachen auszubrechen. Dem lächerlichen kleinen Männchen war es doch tatsächlich ernst mit seiner Werbung! Diese Westentaschenausgabe eines Höflings hielt um ihre Hand an! Er, dieser Splitter von einem Kerl, wollte sie zu seiner Frau machen! Dabei konnte sie ihn auf der Schulter herumtragen wie einen dressierten Krallenaffen!

Was für ein Witz – was für ein kolossaler Witz, der jedes Korsett zum Quietschen brachte! Wenn sie das Simon Lafleur erzählte! Sie konnte förmlich sehen, wie er seinen öligen Kopf zurückwarf, den Mund so weit wie nur möglich aufriß und sich vor stummem Lachen schüttelte. Aber sie durfte nicht lachen – nicht jetzt. Zuerst mußte sie sich alles anhören, was der Zwerg zu sagen hatte. Dieser Spaß war wie ein Bonbon, aus dem sie alle Süßigkeit herausziehen mußte, bevor sie es unter dem Absatz des Spottes zertrat.

»Ich lache nicht«, gelang es ihr zu sagen. »Sie haben mich nur überrascht. Ich hätte nie geglaubt, ich hätte nicht einmal im Traum daran gedacht – «

»Das ist gut, Mademoiselle«, unterbrach sie der Zwerg. »Gelächter ertrage ich nicht. In der Arena werde ich dafür bezahlt, für Gelächter zu sorgen, und die anderen bezahlen, um über mich zu lachen. Wer über mich lacht, muß dafür immer bezahlen!«

»Aber verstehe ich Sie richtig, Monsieur Courbé? Haben Sie ehrbare Heiratsabsichten?« Der Zwerg legte die Hand auf sein Herz und verbeugte sich. »Ja, Mademoiselle, ich habe ehrbare Absichten, und das nötige Kleingeld, um uns über Wasser zu halten. Vor einer Woche ist mein Onkel gestorben und hat mir ein großes Anwesen hinterlassen. Wir werden einen Diener haben, Pferd und Wagen, Essen und Wein vom Besten, und genug Zeit, um uns zu amüsieren. Und Sie? Nun, Sie werden eine vornehme Dame sein! Ich werde Ihren schönen, großen Körper in Seide und Spitze kleiden! Sie werden so glücklich sein, Mademoiselle, wie ein Kirschbaum im Juni!«

Das dunkle Blut wich langsam aus Mademoiselle Jeanne Maries vollen Wangen, ihre Lippen zuckten nicht mehr in den Mundwinkeln, ihre Augen waren ein wenig schmaler geworden. Seit Jahren war sie Kunstreiterin, und sie hatte genug davon. Das Leben im Zirkuszelt hatte seinen Glanz verloren. Sie liebte den feschen Simon, aber sie wußte nur zu gut, daß dieser Romeo in Strumpfhosen nie ein Mädchen ohne Mitgift zur Frau nehmen würde.

Die Worte des Zwergs hatten sich zu einem schweren Teppich aus Gedanken verwoben. Sie sah sich als stolze Dame, die über ein Anwesen auf dem Lande herrschte und später Simon Lafleur mit all dem Luxus willkommen heißen konnte, der seinem Herzen so nahe war. Simon würde überglücklich sein, in ein solches Anwesen einzuheiraten. Diese Pygmäen hatten ein kümmerliches Los. Sie starben jung! Sie würde nichts tun, um das Ende von Jacques Courbé zu beschleunigen. Nein, sie würde dem kleinen Kerl gegenüber die Freundlichkeit in Person sein, aber andererseits würde sie auch nicht ihre Schönheit verlieren, indem sie um ihn trauerte.

»Nichts, was Sie begehren, soll Ihnen vorenthalten werden, Mademoiselle, solange Sie mich lieben«, fuhr der Zwerg fort. »Ihre Antwort?«

Mademoiselle Jeanne Marie bückte sich nach vorn, und mit einer einzigen Bewegung ihrer kräftigen Arme hob sie Monsieur Jacques Courbé hoch und setzte ihn auf ihr Knie. Einen ekstatischen Augenblick lang hielt sie ihn so, als wäre er eine große Puppe, und sein winziges Schwert stand keck nach hinten ab wie der Schweif eines Hahns. Dann drückte sie ihm einen gewaltigen Kuß auf die Wange, der sein ganzes Gesicht vom Kinn bis zu den Augenbrauen bedeckte.

»Ich bin die Ihre«, murmelte sie und preßte ihn dabei an ihren üppigen Busen. »Von Anfang an habe ich Sie geliebt, Monsieur Jacques Courbé!«

2

Mademoiselle Jeanne Maries Hochzeit wurde in der Stadt Roubaix gefeiert, wo Copos Zirkus vorübergehend Station gemacht hatte. Nach der Zeremonie wurde in einem der Zelte ein Festessen aufgetragen, an dem eine Schar von Berühmtheiten teilnahm.

Der Bräutigam, dessen dunkles kleines Gesicht sich von Glück und Wein gerötet hatte, saß am Kopfende der Tafel. Sein Kinn reichte gerade eben über die Tischdecke, so daß sein Kopf wie eine große Orange aussah, die von der Obstschale gerollt war. Unterhalb seiner baumelnden Füße bearbeitete St. Eustache, der mehr als einmal mit tiefem Knurren sein Mißfallen über das Geschehen zum Ausdruck gebracht hatte, einen Knochen und warf dabei hin und wieder einen schnellen, verstohlenen Blick auf die fleischigen Beine seiner neuen Herrin. Papa Coco saß zur Rechten des Zwergs, und sein großes rundes Gesicht war so rot und wohlwollend wie ein Vollmond zur Tagundnachtgleiche. Neben ihm saß Griffo, der Giraffenjunge, der mit Flecken übersät und dessen Hals so lang war, daß er auf alle anderen herabsah, sogar auf Monsieur Hercule Hippo, den Riesen. Der Rest der Gesellschaft bestand aus Mademoiselle Lupa, die scharfe weiße Zähne von unglaublicher Länge hatte und die knurrte, wenn sie versuchte zu sprechen; dem ermüdenden Monsieur Jejongle, der darauf bestand, mit Obst, Tellern und Messern zu jonglieren, obwohl die ganze Gesellschaft von seinen Kunststücken gründlich die Nase voll hatte; Madame Samson, deren dressierte Zwerg-Boa Constrictors sich um ihren Hals gewickelt hatten und schüchtern hinter je einem ihrer Ohren hervorlugten; Simon Lafleur und einem Dutzend anderer.

13

Der Kunstreiter hatte still und fast ohne Unterbrechung in sich hineingelacht, seit Jeanne Marie ihm von ihrer Verlobung erzählt hatte. Jetzt saß er in seinem karmesinroten Trikot neben ihr. Seine schwarzen Haare hatte er von der Stirn nach hinten gekämmt, und sie glänzten so von Fett, daß sich die Deckenlichter darin reflektierten wie in einem blank polierten Helm. Von Zeit zu Zeit stürzte er einen randvollen Becher mit Burgunder hinunter, stieß der Braut mit dem Ellbogen in die Rippen und warf den öligen Kopf in einem erneuten Ausbruch von lautlosem Lachen nach hinten.

»Und du wirst mich auch bestimmt nicht vergessen, Simon?« flüsterte sie. »Es kann einige Zeit dauern, bevor ich an das Geld des kleinen Affen herankomme.«

»Dich vergessen, Jeanne?« murmelte er. »Niemals, bei allen tanzenden Teufeln im Champagner! Ich werde warten und so geduldig sein wie Hiob, bis du diese Maus mit vergiftetem Käse gefüttert hast. Aber was machst du in der Zwischenzeit mit ihm, Jeanne? Du darfst ihm keine Freiheiten erlauben. Ich knirsche mit den Zähnen beim Gedanken, daß du in seinen Armen liegst!«

Die Braut lächelte und betrachtete ihren kleinen Gatten mit einem abschätzigen Blick. Was für ein Winzling von einem Mann! Und doch konnte es sein, daß sich das Leben noch eine lange Zeit in seinen Knochen hielt. Monsieur Jacques Courbé hatte sich zwar nur ein Glas Wein genehmigt, war aber bereits ziemlich betrunken. Sein winziges Gesicht war rot angelaufen, und er starrte Simon Lafleur kampfeslustig an. Hatte er einen Verdacht?

»Dein Mann ist erhitzt vom Wein!« flüsterte der Kunstreiter. »*Ma foi, madame*, später wird er dich vielleicht verprügeln! Kann sein, daß der Kerl gefährlich wird, wenn er betrunken ist. Sollte er dich schlecht behandeln, Jeanne, dann denk daran, daß du in Simon Lafleur einen Beschützer hast.«

»Du Hanswurst!« Jeanne Marie rollte schelmisch ihre großen Augen und legte einen Moment lang die Hand auf das Knie des Kunstreiters. »Simon, ich könnte seinen Schädel zwischen Daumen und Zeigefinger zerbrechen wie diese Walnuß!« Sie hielt inne, um es vorzumachen, und fügte dann nachdenklich hinzu: »Und vielleicht tue ich genau das, wenn er zudringlich wird. Pfui! Beim Gedanken an den kleinen Affen dreht sich mir der Magen um!«

Inzwischen begann die Zecherei bei den Hochzeitsgästen Wirkung zu zeigen. Besonders deutlich war das im Falle von Monsieur Jacques' Genossen.

Griffo, der Giraffenjunge, hatte seine großen braunen Augen geschlossen und wiegte seinen kleinen Kopf träge über der Versammlung, während er in seiner ein wenig hochnäsigen Miene die Mundwinkel nach unten zog. Monsieur Hercule Hippo, durch das viele Trinken zu noch kolossaleren Proportionen angeschwollen als ohnehin, wiederholte immer und immer wieder: »Ich sage euch, ich bin anders als andere Menschen. Wenn ich gehe, bebt die Erde!« Mademoiselle Lupa, die behaarte Oberlippe über die langen weißen Zähne hochgezogen, nagte an einem Knochen, knurrte unverständliche Sätze in sich hinein und warf den anderen wilde, argwöhnische Blicke zu. Monsieur Jejongles Hände waren unsicher geworden, und da er darauf bestand, mit den Messern und Tellern eines jeden neuen Ganges zu jonglieren, lag auf dem Boden überall zerbrochenes Geschirr herum. Madame Samson wickelte ihr Halsband aus Baby-Boa Constrictors auf und fütterte sie mit in Rum getränkten Zuckerstücken. Monsieur Jacques Courbé hatte sein zweites Glas Wein getrunken und musterte durch zusammengekniffene Augen den flüsternden Simon Lafleur.

Unter geltungssüchtigen Menschen, die zuviel getrunken haben, kann es kein herzliches Zusammensein geben. Jede einzelne dieser menschlichen Kuriositäten dachte, er oder sie allein sei für die Menge verantwortlich, die sich täglich in Copos Zirkus versammelte; deshalb zögerten sie jetzt nicht, erhitzt vom guten Burgunder, ihre Ansprüche geltend zu machen. Ihre Egos stießen mit einem wütenden Klappern aneinander wie Kieselsteine in einer Tasche. Es gab hier Schießpulver, das nur noch den Funken brauchte.

»Ich bin ein großer – ein sehr großer Mann!« sagte Monsieur Hercule Hippo schläfrig. »Die Frauen lieben mich. Die hübschen kleinen Geschöpfe verlassen ihre Pygmäen-Männer, um in Copos Zirkus zu kommen und dort Hercule Hippo anzustarren. Ha, und wenn sie zurück nach Hause kommen, lachen sie nur noch über andere Männer! ›Du darfst mich erst wieder küssen, wenn du erwachsen bist‹, sagen sie dann ihren Liebsten.«

»Fetter Ochse, hier ist eine Frau, die nichts mit dir anfangen kann!« rief Mademoiselle Lupa und funkelte ihn von der Seite über ihren Knochen hinweg wütend an. »Dein großer Kadaver ist nichts weiter als eine Menge Essen, das schlecht geworden ist. Du hast den Metzger betrogen, mein Freund. Du Narr, die Frauen kommen nicht, um *dich* zu sehen! Genauso gut könnten sie zusehen, wie das Vieh durch die Straßen geführt wird. Ah, nein, sie kommen von nah und fern um eine ihres eigenen Geschlechts zu sehen, die keine Katze ist!«

»Ganz recht«, rief Papa Coco mit besänftigender Stimme, lächelte und rieb sich die Hände. »Keine Katze, Mademoiselle, sondern eine Wölfin. Ah, Sie haben Humor. Wie drollig!«

»Ich *habe* Humor«, stimmte ihm Mademoiselle Lupa zu und widmete sich wieder ihrem Knochen, »und scharfe Zähne noch dazu. Eine Hand soll mir besser nicht zu nahe kommen!«

»Sie, Monsieur Hippo und Mademoiselle Lupa, haben beide unrecht«, sagte eine Stimme, die vom Dach zu erklingen schien. »Es ist ganz klar, daß die Leute nur kommen, um mich anzustarren!« Alle richteten den Blick nach oben zum hochnäsigen Gesicht von Griffo, dem Giraffenjungen, das sich auf seinem langen Pfeifenstielhals langsam hin und her wiegte. Er war es, der gesprochen hatte, obwohl seine Augen immer noch geschlossen waren.

»Was für eine kolossale Frechheit!« schrie die matronenhafte Madame Samson. »Als ob meine lieben Kleinen dazu nichts zu sagen hätten!« Sie hob die beiden Baby-Boa Constrictors, die betrunken auf ihrem Schoß schlummerten, in die Höhe und schüttelte sie wie Peitschen vor den Hochzeitsgästen. »Papa Coco weiß nur zu gut, daß er es diesen beiden reizenden

Geschöpfen, Mark Anton und Cleopatra zu verdanken hat, daß die Vorstellung so gut besucht ist!«

Der Zirkusbesitzer, der so direkt angesprochen wurde, runzelte verlegen die Stirn. Er fühlte sich in einem Dilemma. Es war schwer, mit diesen Mißgeburten umzugehen. Warum war er so dumm gewesen, zu Monsieur Jacques Courbés Hochzeitsfeier zu kommen? Was immer er sagte, würde gegen ihn ausschlagen.

Während Papa Coco zögerte, und sein rundes Gesicht einstweilen ein schmeichlerisches Lächeln zeigte, entzündete der lange vermiedene Funke plötzlich das Pulver. Verantwortlich dafür war der Leichtsinn von Monsieur Jejongle, der sich ganz in die Unterhaltung vertieft hatte und für sich selbst ein Wort einlegen wollte. Während er geistesabwesend mit zwei schweren Tellern und einem Löffel jonglierte, sagte er mit gereizter Stimme: »Ihr alle scheint *mich* zu vergessen!«

Die Worte hatten kaum seinen Mund verlassen, als einer der schweren Teller mit einem Knall auf den dicken Schädel von Monsieur Hippo niederging und man sich sofort an Monsieur Jejongle erinnerte. Tatsächlich war es mehr als nur eine Erinnerung, denn der Riese, dessen Ärger durch Mademoiselle Lupas Beleidigungen bereits den Siedepunkt erreicht hatte, holte angesichts dieses neuen Affronts zu einem wütenden Hieb aus und schlug, an ihr vorbei, den Jongleur kopfüber unter den Tisch.

Mademoiselle Lupa, immer aufbrausend und das ganz besonders, wenn ihre Aufmerksamkeit auf ein saftiges Hühnerbein gerichtet war, hielt das Betragen ihres Tischnachbarn offenbar für alles andere als schicklich und versenkte unverzüglich ihre scharfen Zähne in der anstößigen Hand, die den Schlag verabreicht hatte. Monsieur Hippo kreischte vor Wut und Schmerz wie ein verwundeter Elefant und sprang auf, wobei er den Tisch umstieß.

Nun brach das Inferno aus. Die Hände, Zähne, Füße eines jeden Freaks waren gegen die anderen gerichtet. Über dem Rufen und Schreien, dem Geknurr und Gezisch des Kampfes konnte man Papa Cocos Stimme hören, der brüllend um Frieden bat:

»Ah, meine Kinder, meine Kinder! Das ist doch kein Benehmen! Beruhigt euch, ich bitte sehr! Mademoiselle Lupa, bitte vergessen Sie nicht, daß Sie nicht nur ein Wolf, sondern auch eine Dame sind!«

Es steht außer Zweifel, daß Monsieur Jacques Courbé unter diesem unwürdigen Tumult am meisten zu leiden gehabt hätte, wenn da nicht St. Eustache gewesen wäre, der über seinem winzigen Meister in Stellung gegangen war und der jetzt alle möglichen Angreifer zurückschlug. So war es Griffo, der unglückliche Giraffenjunge, der sich am wenigsten verteidigen konnte und deshalb das Opfer wurde. Sein kleiner, runder Kopf bewegte sich zu den Schlägen wie ein Sandsack vor und zurück. Von Mademoiselle Lupa wurde er gebissen, von Monsieur Hippo geohrfeigt, von Monsieur Jejongle getreten, Madame Samson zerkratzte ihm das Gesicht, und von den beiden Baby-Boa Constrictors, die sich um seinen Hals gewickelt hatten wie eine Henkersschlinge, wurde er fast erwürgt.

Zweifellos wäre er ohne Simon Lafleur, die Braut und ein halbes Dutzend ihrer Akrobatenfreunde, die Papa Coco angefleht hatte, den Frieden wiederherzustellen, ein Opfer der Umstände geworden. Brüllend vor Lachen sprangen sie dazwischen und trennten die Kämpfenden.

Monsieur Jacques Courbé saß mit grimmiger Miene unter einer Falte des Tischtuchs. In der Hand hielt er eine zerbrochene Weinflasche. Der Zwerg war sehr betrunken und rasend vor Wut. Als Simon Lafleur sich ihm mit einem seiner stummen Lachen näherte, schleuderte ihm Monsieur Jacques Courbé die Flasche an den Kopf.

»Ah, die kleine Wespe!« rief der Kunstreiter und hob den Zwerg an dessen Hosenbund hoch. »Da ist dein feiner Ehemann, Jeanne! Nimm ihn weg, bevor er mir ein Leid antut. *Parbleu*, er ist ein blutrünstiger Kerl, wenn er betrunken ist!«

Die Braut trat dazu, das blonde Gesicht purpurrot vom Wein und vom Lachen. Jetzt, da sie mit einem Anwesen auf dem

Lande verheiratet war, gab sie sich keine Mühe mehr, ihre wahren Gefühle zu verbergen. »Oh, *la, la*!« rief sie, packte den zappelnden Zwerg und hielt ihn mit Gewalt auf ihrer Schulter fest. »Was der kleine Affe für ein Temperament hat! Na, das werden wir bald aus ihm herausgeprügelt haben!«

»Lassen Sie mich herunter!« schrie Monsieur Jacques Courbé in einem Wutanfall. »Das werden Sie bedauern, Madame! Lassen Sie mich herunter, sage ich!«

Aber die robuste Braut schüttelte den Kopf. »Nein, nein, mein Kleiner!« lachte sie. »Deiner Frau entkommst du nicht so leicht! Was, noch vor der Hochzeitsnacht willst du aus meinen Armen fliehen!«

»Lassen Sie mich herunter!« schrie er erneut. »Sehen Sie nicht, daß sie mich auslachen?«

»Und warum sollten sie nicht lachen, mein kleiner Affe? Laß sie lachen, wenn sie wollen, aber ich lasse dich nicht herunter. Nein, ich trage dich so, auf meiner Schulter thronend, zum Bauernhof. Das wird ein Vorbild sein, dem künftige Bräute nur schwer werden folgen können!«

»Aber der Bauernhof ist ein ziemliches Stück von hier entfernt, meine Jeanne«, sagte Simon Lafleur. »Du bist stark wie ein Ochse, und er ist nur ein Krallenaffe, aber trotzdem wette ich um eine Flasche Burgunder, daß du ihn unterwegs absetzen mußt.«

»Die Wette gilt, Simon!« rief die Braut mit einem Aufblitzen ihrer kräftigen weißen Zähne. »Und du wirst sie verlieren, denn ich schwöre, daß ich meinen kleinen Affen von einem Ende Frankreichs zum anderen tragen könnte!«

Monsieur Jacques Courbé leistete nicht länger Widerstand. Er saß jetzt ganz aufrecht auf der breiten Schulter seiner Braut. Von den flammenden Gipfeln blinder Leidenschaft war er in einen Abgrund kalter Wut gestürzt. Seine Liebe war tot, aber ein ganz entgegengesetztes Gefühl erhob seinen bösartigen Kopf aus ihrer Asche.

»Aha, Madame, Sie könnten mich also von einem Ende Frankreichs zum anderen tragen!« murmelte er mit gedämpfter

Stimme. »Von einem Ende Frankreichs zum anderen! Ich werde das nie vergessen, Madame!«

»Kommt!« rief die Braut plötzlich. »Ich breche jetzt auf. Simon, komm mit den anderen nach, um zu sehen, wie ich die Wette gewinne.«

Sie strömten alle aus dem Zelt. Ein voller Mond ritt am Himmel und zeigte ihnen den Weg, der so weiß und gerade zwischen den Wiesen lag wie der Scheitel in Simon Lafleurs schwarzen, öligen Haaren. Die Braut, die den winzigen Bräutigam noch immer auf der Schulter hielt, stimmte plötzlich ein Lied an, als sie mit großen Schritten vorwärtsging. Die Hochzeitsgäste folgten ihr. Einige waren nicht mehr allzu sicher auf den Beinen. Griffo, der Giraffenjunge, torkelte mitleiderregend auf seinen langen, dünnen Extremitäten. Papa Coco blieb allein zurück.

»Was für eine seltsame Welt!« murmelte er, als er im Eingang des Zelts stand und ihnen mit seinen runden blauen Augen hinterherblickte. »Ah, meine Kinder sind manchmal doch schwierig – sehr schwierig!«

3

Seit der Hochzeit von Mademoiselle Jeanne Marie und Monsieur Jacques Courbé war ein Jahr vergangen. Copos Zirkus hatte wieder einmal in Roubaix Station gemacht.

Seit mehr als einer Woche war die Landbevölkerung herbeigeströmt, um einen Blick auf Griffo, den Giraffenjungen, zu erhaschen; auf Monsieur Hercule Hippo, den Riesen; auf Mademoiselle Lupa, die Wolfsfrau; auf Madame Samson mit ihren Baby-Boa Constrictors; und auf Monsieur Jejongle, den berühmten Jongleur. Alle waren sie noch immer fest davon überzeugt, ganz allein für die Popularität des Zirkus verantwortlich zu sein.

Simon Lafleur saß in seinem Quartier im Wilden Eber. Er trug nichts außer einem Paar roter Strumpfhosen. Sein mächtiger

Rumpf, nackt bis zur Taille, glänzte vom Öl. Er knetete seinen Bizeps zärtlich mit einer stark riechenden Flüssigkeit.

Plötzlich kam von der Treppe das Geräusch schwerer, mühsamer Schritte. Simon Lafleur hob den Kopf. Seine ziemlich düstere Miene verflog und machte dem strahlenden Lächeln Platz, das ihn die Herzen so vieler Akrobatinnen hatte gewinnen lassen.

»Ah, das ist Marcelle!« sagte er sich. »Oder vielleicht ist es Rose, das englische Mädchen; oder vielleicht doch die kleine Francesca, obwohl ihr Schritt leichter ist. Na, egal – wer immer es ist, ich heiße sie willkommen!«

Dann waren die schleppenden, schweren Schritte im Flur zu hören, und einen Moment später machten sie vor seiner Tür Halt. Es folgte ein ängstliches Klopfen.

Simon Lafleurs strahlendes Lächeln wurde breiter. »Vielleicht eine neue Bewunderin, die ein wenig Ermutigung braucht«, dachte er bei sich. Aber laut sagte er: »Treten Sie ein, Mademoiselle!«

Die Tür ging langsam auf und ließ die Besucherin sehen. Es war eine große, hagere Frau, die wie eine Bäuerin gekleidet war. Der Wind hatte ihr die Haare ins Gesicht geweht. Sie hob eine große, abgearbeitete Hand, strich sich das Haar über die Stirn zurück und sah den Kunstreiter lange aufmerksam an.

»Du erinnerst dich nicht an mich?« fragte sie schließlich.

Zwei Falten der Verwirrung erschienen über Simon Lafleurs römischer Nase; er schüttelte langsam den Kopf. Er, der schon so viele Frauen gekannt hatte, war jetzt in Verlegenheit. Durfte man eine solche Frage einem Mann stellen, der kein Junge mehr war, einem Mann, der sein Leben gelebt hatte? Frauen können sich in kurzer Zeit so sehr verändern! Sogar dieser Sack Knochen könnte ihm früher einmal begehrenswert erschienen sein.

Parbleu! Das Schicksal war eine Hexe! Es schwenkte die Rute, und schöne Frauen wurden in häßliche alte Weiber verwandelt, Juwelen in Kieselsteine, Seide und Spitze in Schnüre aus Hanf. Der stattliche Kerl, der heute noch auf dem Prinzenball tanzte, mochte morgen vielleicht mit noch mehr Leichtigkeit am Galgen tanzen. Es kam darauf an, mit vollem Magen zu leben und zu sterben. Soviel zu verdauen, wie man konnte – das war das Leben!

»Du erinnerst dich nicht an mich?« fragte sie erneut.

Simon Lafleur schüttelte noch einmal seinen glänzenden schwarzen Kopf. »Ich habe ein schlechtes Gedächtnis für Gesichter, Madame«, sagte er höflich. »Das ist mein Unglück, wo es so schöne Gesichter gibt.«

»Ach, aber du müßtest dich erinnern, Simon!« rief die Frau, und ein Schluchzen kroch aus ihrer Kehle empor. »Wir waren uns sehr nah, du und ich. Erinnerst du dich nicht an Jeanne Marie?«

»Jeanne Marie!« rief der Kunstreiter. »Jeanne Marie, die einen Krallenaffen und ein Anwesen auf dem Lande geheiratet hat? Sagen Sie nicht, Madame, daß Sie – «

Er brach ab und starrte sie an, mit offenem Mund. Seine scharfen schwarzen Augen wanderten von den Strähnen nassen, widerspenstigen Haars ihren ausgemergelten Körper hinunter, bis sie endlich auf ihren dicken rindsledernen Stiefeln ruhten, die Schicht auf Schicht mit dem Schmutz des Landes überzogen waren.

»Das ist unmöglich!« sagte er schließlich.

»Ich bin wirklich Jeanne Marie«, antwortete die Frau, »oder was von ihr übrig ist. Ach, Simon, was für ein Leben er mich führen läßt! Ich bin nur ein Lasttier gewesen! Es gibt keine Schande, die er mich nicht hat erleiden lassen!«

»Von wem sprichst du?« fragte Simon Lafleur. »Du meinst doch wohl nicht diese Westentaschenausgabe von Ehemann, den du hast – diesen Zwerg, Jacques Courbé?«

»Genau den meine ich, Simon! Oh weh, er hat mich zerbrochen!«

»Er – dieser Zahnstocher von einem Mann?« rief der Kunstreiter mit einem seiner lautlosen Lachen. »Aber das ist unmöglich! Wie du selbst einmal gesagt hast, Jeanne, du könntest doch seinen Schädel zwischen Zeigefinger und Daumen zerspringen lassen wie eine Haselnuß!«

»Das habe ich einmal gedacht. Ach, aber damals habe ich ihn nicht gekannt, Simon! Weil er klein war, dachte ich, ich könnte mit ihm machen, was ich wollte. Es schien mir, als heiratete ich einen Knirps. ›Ich werde mit dem kleinen Kerl spielen wie mit einer Puppe‹, sagte ich mir. Simon, du kannst dir meine Überraschung vorstellen, als er begann, mit *mir* wie mit einer Puppe zu spielen!«

»Aber das verstehe ich nicht, Jeanne. Du hättest ihn doch bestimmt jederzeit prügeln können, bis er dir gehorcht!«

»Vielleicht«, stimmte sie müde zu, »wenn da nicht St. Eustache gewesen wäre. Von Anfang an hat mich dieser Wolfshund gehaßt. Wenn ich seinem Herrn auch nur eine freche Antwort gab, zeigte er mir die Zähne. Einmal, am Anfang, als ich die Hand hob, um Jacques Courbé eine Ohrfeige zu geben, sprang er mir an die Kehle, und ich wäre von ihm Glied für Glied zerrissen worden, wenn der Zwerg ihn nicht zurückgerufen hätte. Ich war eine starke Frau, aber selbst damals war ich einem Wolf nicht gewachsen!«

»Es gibt Gift, oder nicht?« schlug Simon Lafleur vor.

»Ah, ja, auch ich habe an Gift gedacht, aber das war vergebens. St. Eustache aß nichts von dem, was ich ihm gab, und der Zwerg zwang mich, zuerst alles zu kosten, was ihm und seinem Hund aufgetischt wurde. Wenn ich nicht selbst sterben wollte, gab es keine Möglichkeit, einen von ihnen zu vergiften.«

»Mein armes Mädchen!« sagte der Kunstreiter voller Mitleid. »Ich beginne zu verstehen. Aber setz dich und erzähl mir alles. Das hätte ich nicht gedacht, nachdem ich gesehen habe, wie triumphierend du mit deinem Bräutigam auf der Schulter nach Hause stolziert bist. Du mußt mit dem Anfang anfangen.«

»Es war eben deshalb, weil ich ihn so auf der Schulter getragen habe, daß ich so grausam leiden mußte«, sagte sie, während sie sich auf den einzigen anderen Stuhl setzte, den es im Zimmer gab. »Er hat mir diese Beleidigung nie verziehen, die ich ihm, wie er sagt, zugefügt habe. Weißt du noch, wie ich mich gebrüstet habe, daß ich ihn von einem Ende Frankreichs zum anderen tragen könnte?«

»Ich erinnere mich. Und, Jeanne?«

»Nun, Simon, der kleine Teufel hat die genaue Entfernung ausgerechnet. Jeden Morgen, bei Sonne oder bei Regen, brechen wir auf – er auf meinem Rücken, der Wolfshund an meinen Fersen –, und ich marschiere die staubigen Straßen entlang, bis meine Knochen vor Erschöpfung zu zittern anfangen. Wenn ich nur ein wenig langsamer werde, wenn ich ins Stocken gerate, treibt er mich an mit seinen grausamen kleinen Sporen aus Gold, während St. Eustache mich gleichzeitig in die Knöchel beißt. Wenn wir nach Hause zurückkommen, streicht er die Anzahl von Meilen von einer Liste, auf der, wie er sagt, die Entfernung von einem Ende Frankreichs zum anderen in Meilen notiert ist. Noch nicht einmal die Hälfte dieser Entfernung ist zurückgelegt, und ich bin keine starke Frau mehr, Simon. Sieh dir diese Schuhe an!«

Sie hielt einen ihrer Füße hoch, damit er ihn betrachten konnte. Die Sohle des rindsledernen Stiefels war durchgelaufen; Simon Lafleur konnte unter der Kruste aus Straßenkot das übel zugerichtete Fleisch sehen.

»Das ist schon das dritte Paar«, fuhr sie heiser fort. »Jetzt sagt er, daß der Preis für Schuhleder zu hoch ist, daß ich meine Pilgerreise barfuß zu Ende bringen muß.«

»Aber warum läßt du dir das alles gefallen, Jeanne?« fragte Simon Lafleur wütend. »Du hast doch eine Kutscher und einen Diener, du solltest überhaupt nicht gehen!«

»Zuerst gab es eine Kutsche und einen Diener«, sagte sie und wischte sich mit dem Handrücken die Tränen aus den Augen, »aber nicht einmal eine Woche lang. Dann schickte er den Diener seiner Wege und verkaufte die Kutsche auf einem Markt in der Nähe. Jetzt gibt es nur noch mich, die ihn und seinen Hund bedient.«

»Aber die Nachbarn?« beharrte Simon Lafleur. »Du könntest sie doch sicher um Hilfe bitten?«

»In der Nähe gibt es keine Nachbarn, der Hof ist ziemlich abgelegen. Ich wäre schon vor vielen Monaten fortgelaufen, wenn ich ungesehen hätte entkommen können, aber sie halten mich ständig unter Bewachung. Einmal habe ich es versucht, aber ich war erst ein paar Meilen gekommen, als der Wolfshund nach meinen Knöcheln schnappte. Er trieb mich zurück zum Bauernhof, und am folgenden Tag wurde ich gezwungen, den kleinen Teufel zu tragen, bis ich aus Erschöpfung zu Boden fiel.«

»Aber heute konntest du entkommen?«

»Ja«, sagte sie mit einem schnellen, ängstlichen Blick auf die Tür. »Heute Nacht bin ich aus dem Haus geschlichen, während sie beide schliefen und bin hierher zu dir gekommen. Ich wußte, daß du mich beschützen würdest, Simon, nach dem, was wir uns bedeutet haben. Hol Papa Coco und bring mich zurück zum Zirkus, und ich werde mir die Finger wund arbeiten! Rette mich, Simon!«

Jeanne Marie konnte ihr Schluchzen nicht länger unterdrücken. Es stieg in ihrer Kehle hoch, nahm ihr die Luft, machte sie unfähig, weiter zu sprechen.

»Beruhige dich, Jeanne«, sagte Simon Lafleur besänftigend. »Ich tue für dich, was ich kann. Morgen rede ich mit Papa Coco. Natürlich bist du nicht mehr dieselbe Frau wie vor einem Jahr. Du bist seitdem gealtert, aber vielleicht findet unser guter Papa Coco etwas, das du tun kannst.«

Er brach ab und sah sie eindringlich an. Sie war ganz starr geworden, und ihr Gesicht hatte sogar unter der Schmutzschicht ein krankhaftes Weiß angenommen.

»Was ist dir, Jeanne?« fragte er ein klein wenig atemlos.

»Still!« sagte sie, einen Finger an den Lippen. »Horch!«

Simon Lafleur konnte nichts hören außer dem Trommeln des Regens auf dem Dach und dem Seufzen des Windes in den Bäumen. Eine ungewöhnliche Stille schien den Wilden Eber zu durchdringen.

»Hörst du es denn nicht?« rief sie mit einem unverständlichen Laut des Erschreckens. »Simon, es ist im Haus – es ist auf der Treppe!«

Endlich bemerkten auch die weniger sensiblen Ohren des Kunstreiters das Geräusch, das seine Gefährtin schon eine ganze Minute früher gehört hatte. Es war ein gleichmäßiges *Tip-tap*, *tip-tap* auf der Treppe, schwer vom Regen zu unterscheiden, der vom Dachgesims tropfte, aber mit jedem Moment kam es näher, wurde deutlicher.

»Oh, rette mich, Simon, rette mich!« rief Jeanne Marie, warf sich ihm zu Füßen und umfing mit den Armen seine Knie. »Rette mich! Es ist St. Eustache!«

»Unsinn, Frau!« sagte der Kunstreiter wütend, aber trotzdem stand er auf. »Es gibt noch andere Hunde auf der Welt. Im ersten Stock wohnt ein Blinder, der einen Hund hat. Vielleicht ist er es, den du hörst.«

»Nein, nein – es ist der Schritt von St. Eustache! Mein Gott, wenn du ein Jahr lang mit ihm gelebt hättest, würdest du ihn auch kennen! Mach die Tür zu und schließ sie ab!«

»Das werde ich nicht tun«, sagte Simon Lafleur verächtlich. »Glaubst du, daß ich mich so leicht fürchte? Wenn es wirklich der Wolfshund ist, dann umso schlechter für ihn. Er wäre nicht der erste Köter, den ich mit diesen beiden Händen erwürgt habe!«

Tip-tap, *tip-tap* – es war im ersten Stock. *Tip-tap*, *tip-tap* – jetzt war es im Flur, und es kam schnell näher. *Tip-tap*, *tip-tap* – urplötzlich hörte es auf.

Es folgte ein Moment atemloser Stille, und dann trottete St. Eustache ins Zimmer.

Monsieur Jacques Courbé saß rittlings auf dem breiten Rücken des Wolfshundes, wie er es so oft in der Manege des Zirkus' getan hatte. In der Hand hielt er ein winziges Schwert, und seine Knopfaugen schienen das Glitzern des Stahls zu reflektieren.

Der Zwerg ließ den Hund in der Mitte des Zimmers anhalten und erfaßte mit einem einzigen Blick die Situation: Jeanne Marie lag demütig zu Füßen des Kunstreiters. Auch St. Eustache schien schweigend davon Notiz zu nehmen. Die starren Haare auf seinem Rücken richteten sich auf, er zeigte hungrig seine langen weißen Fangzähne, und seine Augen glühten wie zwei brennende Kohlen.

»So finde ich Sie also, Madame!« sagte Monsieur Jacques Courbé schließlich. »Es ist ein Glück, daß ich hier ein Schlachtroß habe, das meine Feinde nicht nur aufspüren, sondern sie auch auf freiem Feld zur Strecke bringen kann. Ohne dieses wäre es mir vielleicht schwer gefallen, Sie zu entdecken. Nun, das kleine Spiel ist aus. Ich finde Sie bei Ihrem Liebhaber!«

»Simon Lafleur ist nicht mein Liebhaber!« schluchzte sie. »Ich habe ihn außer heute nicht ein einziges Mal gesehen, seit ich dich geheiratet habe! Ich schwöre es!«

»Einmal ist genug«, sagte der Zwerg grimmig. »Der unverschämte Stallbursche muß gezüchtigt werden!«

»Oh, verschone ihn!« flehte Jeanne Marie. »Tu ihm nichts, ich bitte dich! Es ist nicht seine Schuld, daß ich gekommen bin! Ich – «

Aber in diesem Moment übertönte sie Simon Lafleurs lautes Lachen.

»Ho, ho!« brüllte er und legte dabei die Hände auf die Hüften. »Du willst mich züchtigen, was? *Nom d'un chien*! Versuch deine Zirkustricks nicht bei *mir*! Du Dreikäsehoch, der du auf dem Rücken eines Hundes reitest wie ein Floh, hinaus aus meinem Zimmer, bevor ich dich zerquetsche! Verschwinde, zergehe, lös dich in Luft auf!«

Er hielt inne, ließ seine faßgleiche Brust anschwellen, blähte seine Backen auf und pustete den Zwerg kräftig an. »Laß dich wegblasen, Insekt«, brüllte er, »sonst zertrete ich dich mit meinem Absatz!«

Monsieur Jacques Courbé blieb unter diesem Schwall von Beschimpfungen völlig unbewegt. Er saß aufrecht auf St. Eustaches Rücken, das kleine Schwert ruhte auf seiner kleinen Schulter.

»Sind Sie fertig?« fragte er schließlich, als dem Kunstreiter die Schimpfwörter ausgegangen waren. »Sehr gut, Monsieur. Bereiten Sie sich auf den Angriff der Kavallerie vor!«

Er hielt einen Moment lang inne und fügte dann mit heller, klarer Stimme hinzu:

»Faß, St. Eustache!«

27

Der Hund duckte sich und sprang beinahe im selben Moment Simon Lafleur an. Dem Kunstreiter blieb keine Zeit, ihm und seinem winzigen Reiter auszuweichen. Fast augenblicklich waren sie in einen Kampf auf Leben und Tod verwickelt. Es war eine blutige Angelegenheit.

Simon Lafleur, obwohl ein starker Mann, wurde durch den unerwarteten Satz des Hundes umgeworfen. St. Eustaches zupackende Kiefer schlossen sich um seinen rechten Arm und zermalmten ihn bis auf den Knochen.

Einen Augenblick später stieß der Zwerg, der sich immer noch an den Rücken des Hundes klammerte, die Spitze seines kleinen Schwerts in den Körper des am Boden liegenden Kunstreiters. Simon Lafleur kämpfte heldenhaft, aber es war sinnlos. Er spürte den stinkenden Atem des Hundes an seinem Nacken und den wespengleichen Stich der Klinge des Zwerges, die dieses Mal eine tödliche Stelle fand. Ein krampfartiges Zittern erschütterte ihn, und er rollte auf den Rücken. Der Zirkus-Romeo war tot.

Monsieur Jacques Courbé reinigte sein Schwert an einem Tuch aus Spitze, stieg ab und ging zu Jeanne Marie. Sie kauerte noch immer auf dem Boden, die Augen geschlossen, und hielt den Kopf zwischen ihren beiden Händen. Der Zwerg berührte sie gebieterisch an der breiten Schulter, die ihn so oft getragen hatte.

»Madame«, sagte er, »wir können jetzt nach Hause zurückkehren. Von nun an müssen Sie vorsichtiger sein. *Ma foi*, es ist eines Edelmanns unwürdig, Stallburschen die Kehle durchzuschneiden!«

Sie stand auf – wie ein großes dressiertes Tier, auf Kommando.

»Wünschen Sie, getragen zu werden?« preßte sie zwischen aschgrauen Lippen hervor.

»Ah, natürlich, Madame«, murmelte er, »ich hatte unsere kleine Wette ganz vergessen. Ja, ja! Nun, man muß Ihnen gratulieren, Madame – Sie haben fast die Hälfte der Distanz zurückgelegt.«

28

»Fast die Hälfte der Distanz«, wiederholte sie mit lebloser Stimme.

»Ja, Madame«, fuhr Monsieur Jacques Courbé fort. »Ich nehme an, Sie werden eine recht gefügige Gattin sein, wenn sie einmal damit fertig sind.«

Er machte eine Pause und fügte dann nachdenklich hinzu: »Es ist wirklich bemerkenswert, wie schnell man einer Frau den Teufel austreiben kann – mit Sporen!«

Papa Coco hatte im Wilden Eber einen geselligen Abend verbracht. Als er hinaus auf die Straße trat, sah er vor sich drei bekannte Gestalten – eine hagere Frau, einen winzigen Mann und einen großen Hund mit hochstehenden Ohren. Die Frau trug den Mann auf ihrer Schulter, der Hund trottete dicht hinter ihr her.

Der Zirkusbesitzer blieb stehen und sah ihnen nach. Seine runden Augen waren voll kindlichen Erstaunens.

»Kann das sein?« murmelte er. »Ja, tatsächlich! Drei alte Freunde! Dann trägt Jeanne Marie ihn also noch immer! Ah, aber sie sollte sich nicht über Monsieur Jacques Courbé lustig machen! Er ist so sensibel; und leider sind es gerade die Sensiblen, die immer unter dem Pantoffel stehen!«

Tod Browning's

production

Do the Siamese
Twins make love?

—

Can a full-grown
woman truly
love a midget?

—

Do the Pin-Heads
think?

—

What sex is
the Half-Man,
Half-Woman?

FREAKS

THE BIG
EXPLOITATION
NOVELTY
SENSATION
of the Year!

YOUR CHANCE!

JACK STEVENSON

FREAKS – FILM UND MYTHOS

Wie Madame Tetrallinis quietschender Zirkuswaggon, so ist auch der Film *Freaks* Jahrzehnte hindurch über holperiges, felsiges Gelände gerollt, hat sich durch Zwielicht geschoben … hinein in die Dunkelheit … um dann im Licht eines neuen Tages wieder aufzutauchen, die Entsetzten und Faszinierten im Schlepptau, ein fremdartiges Artefakt.

In den Annalen Hollywoods ist wohl kaum je über einen seltsameren Film berichtet worden als über jenen »Monster«-Film aus dem Jahr 1932. Von seinen Schöpfern, den verrückten Drehbuchdoktoren, den Mogulen und den Magiern des Hollywood der Depressionszeit verstoßen, reiste er durch die Zeit, fernab von jedem Genre und jeder Filmschule, begleitet von verwirrten Kritikern und bestürzten Kinogehern, die der Geburt dieser Mutation beigewohnt hatten, verdammt und zugleich gesegnet – ein wahrer Freak.

Er tauchte auf und verschwand und tauchte wieder auf, und jede neue Generation sah ihn mit dem gleichen Erstaunen wie die vor ihr. Denn *Freaks* ist mehr als nur ein Film – er ist ein Mythos, eine Art Götzenbild, ein Relikt karnevalesker Schwarzer Magie einer längst vergangenen Zeit. Um ihn herum wirbeln die Scherben von Geschichten und Gerüchten, von zerstörten Karrieren und zerschlagenen Träumen ebenso wie von alt gewordenen Erinnerungen, die immer noch strahlen.

Erster Halt: 12. Juli 1880. Charles Browning jr. kommt in Louisville, Kentucky zur Welt. Seine Eltern, Charles und Lydia Browning, sind anständige, gottesfürchtige Leute. Mit 18 Jahren rennt Charles von Zuhause fort, schließt sich einem Wanderzirkus an und legt sich den Vornamen »Tod« zu.

31

Tod Browning, wie er von nun an heißt, trat die nächsten Jahre hindurch im Zirkus und auf Volksfesten auf. Sein Repertoire reichte vom Clown über den Entfesselungskünstler bis zum Marktschreier für den »Wilden Mann aus Borneo«, der in Wirklichkeit ein fremdartig kostümierter Schwarzer aus Mississippi war.

Seinen eigenartigsten Auftritt hatte Browning als sogenannter »lebender Leichnam« – eine morbide Art von Hokuspokus, den man Bauerntrotteln vorführte, die dafür bezahlten, sehen zu dürfen, wie ein Mann zwei Meter unter der Erde in einem Holzsarg begraben wurde. Der Sarg war mit einem versteckten Ventilationssystem ausgestattet, um den »lebenden Leichnam« am Leben zu erhalten. Ein röhrenförmiges optisches Gerät ermöglichte es dem Publikum, den begrabenen Mann zu sehen.

Browning arbeitete außerdem im Vaudeville, als Sänger, Tänzer und Komiker. 1913, im Alter von 32 Jahren, spielte er im Zweiakter *Scenting a Terrible Crime* mit, einer Filmkomödie, die in den Biograph-Studios in der Bronx gedreht wurde. Danach ging er nach Hollywood, wo er sich auf das Regiefach verlegte. Er arbeitete 1916 als Regieassistent am D.W. Griffith-Klassiker *Intolerance* mit. Außerdem schrieb er das Drehbuch für den Kult-Komödien-Klassiker *The Mystery of the Leaping Fish*, der unter der Oberaufsicht von Griffith hergestellt wurde und in dem Douglas Fairbanks sr. den koksenden Detektiv Coke Ennyday spielt.

Von da an führte Browning selbst Regie, er drehte für MGM eine Reihe mehr oder weniger durchschnittlicher Abenteuerfilme und Melodramen. Einer der besseren Filme, die er zu jener Zeit inszenierte, war der Mystery-Thriller *Drifting* von 1923, die Geschichte von einem Mädchen aus Amerika, das sich in China als Opiumschmugglerin betätigt. In *Drifting* spielten Wallace Beery und Anna May Wong, und tatsächlich hatte Browning mittlerweile mit einigen der größten Stars der Stummfilmzeit zusammengearbeitet.

Kurz nach *Drifting* begann Browning einen zweijährigen Kampf mit der Flasche, den er nicht gewann und der seine Filmkarriere stagnieren ließ. Seine Vorliebe für Whisky aus Kentucky kostete ihn seinen Vertrag mit Universal und gefährdete auch seine Ehe.

1925 begann er mit der Arbeit an seinem »Comeback-Film« für MGM, *The Unholy Three*. Das Drehbuch basierte auf einem Thriller des damals populären Autors Clarence »Tod« Robbins und erzählte die Geschichte von drei Zirkusartisten, die kriminelle Handlungen begehen – ein Milieu, mit dem Browning aufs engste vertraut war.

Lon »Der Mann mit den tausend Gesichtern« Chaney wurde als Bauchredner besetzt, während der Zwerg von dem in Deutschland geborenen Liliputaner Harry Earles gespielt wurde. Und Victor McLaglen warf sein Gewicht als Starker Mann in die Waagschale. *The Unholy Three* war ein überwältigender Erfolg: »Einer der zehn besten Filme des Jahres 1925«, schrieb die *New York Times*.

Tod Brownings Stern ging jetzt erst richtig auf. 1931 kehrte er zu Universal zurück, um unter den aufmerksamen Blicken des Produktionschefs, Carl Laemmle jr., seinen berühmtesten Film zu drehen, *Dracula*, mit dem in Ungarn geborenen Bühnenschauspieler Bela Lugosi. Dieser Film etablierte, trotz seiner technischen und künstlerischen Mängel, Browning als einen der wichtigsten Regisseure Hollywoods.

Geschichten von Monstern waren auf dem Vormarsch: das Publikum liebte sie, die Kritiker lamentierten zumeist darüber, die Kinokassen aber klingelten. Ein neues Filmgenre war geboren – und Universal entwickelte bereits einen anderen »Monsterfilm«, ein Stück namens *Frankenstein*, das James Whale inszenieren sollte. Boris Karloff war für die Titelrolle vorgesehen.

Nach dem finanziellen Erfolg von *Dracula* nahm MGM Tod Browning mit offenen Armen wieder auf. Browning versprach, dem Studio den »ultimativen Horrorfilm« zu liefern: Der Produktionschef Irving Thalberg gab seine Zustimmung zu dem, was dann *Freaks* werden sollte. Man hatte wohl schon früher an eine Verfilmung des Stoffes gedacht, denn im November 1929 war von MGM in der Fachpresse bereits angekündigt

worden, daß Browning sich in seinem nächsten Film dem Zirkus und seinen menschlichen Kuriositäten zuwenden werde.

Die Idee, Tod Robbins' Geschichte »Sporen« für die Leinwand zu adaptieren, stammte von Brownings altem Freund Harry Earles. Der frankophile Robbins hatte die Kurzgeschichte 1923 in *Munsey's Magazine* veröffentlicht. 1929 bezahlte MGM Robbins 8 000 Dollar für die Filmrechte.

Wenigstens vier Autoren (Willis Goldbeck, Leon Gordon, Edgar Woolf, Al Boasberg) und Browning selbst schrieben am Drehbuch. Trotzdem lassen sich noch einige interessante Übereinstimmungen zwischen der Erzählung und dem Film entdecken.

Wie »Sporen« spielt auch *Freaks* in Frankreich. Der Film erzählt die Geschichte von Hans, einem Liliputaner in Madame Tetrallinis Wanderzirkus, der zwar mit Frieda, einer Liliputanerin und Kunstreiterin, verlobt ist, sich aber in die schöne Cleopatra verliebt, eine aufreizende Trapezartistin, die eine Affäre mit dem »Starken Mann« Hercules hat.

Cleopatra macht sich insgeheim über die Aufmerksamkeiten des verliebten Liliputaners lustig. Als sie jedoch erfährt, daß Hans ein Vermögen von seinem reichen Onkel geerbt hat, faßt sie den Plan, ihn zu heiraten, dann zu vergiften und sich mit Hercules und dem Geld aus dem Staub zu machen.

Die untröstliche Frieda vertraut sich Phroso, dem Clown, und Venus, der Seehunddompteuse, an. Trotz ihrer Warnungen heiratet Hans Cleopatra. Das Hochzeitsfest findet im Zirkuszelt statt. Cleopatra demütigt den schnell betrunken gemachten Hans, indem sie mit Hercules vor allen anderen flirtet.

Alle Freaks nehmen an der Feier teil und sind ausgelassener Stimmung. Sie beschließen, Cleopatra als eine der ihren zu akzeptieren, da sie jetzt die Frau eines Liliputaners ist. Die bizarre Versammlung der Feiernden läßt einen Pokal mit Wein herumgehen und singt: »Gobble, gobble, wir nehmen sie auf, eine von uns … «

»Schmutzige eklige Freaks! Ihr seid zum Kotzen!« schreit sie voller Abscheu zurück und stürmt aus dem Zelt.

In den folgenden Tagen gibt Cleopatra Hans heimlich Gift, während dieser krank im Bett liegt. Dabei wird sie von den Freaks beobachtet, die mittlerweile von ihrem bösen Plan wissen.

Als die Zirkuswagen in einer stürmischen Nacht voller Regen, Blitz und Donner unterwegs in die nächste Stadt sind, greifen die Freaks Cleopatra und Hercules an. In einer der stärksten Szenen in der Geschichte des Horrorfilms kriechen und schlängeln sie sich zu deren Wagen. Im Off verstümmeln sie Cleopatra und machen aus ihr ein kreischendes, teilweise blindes, hühnerähnliches Wesen mit gebrochener Nase und ohne Beine.

Im nur selten gezeigten ursprünglichen Ende des Films erfahren wir zudem, daß sie Hercules kastrieren, denn er singt jetzt in einer sehr hohen Tonlage.

Parallelen bezüglich Schauplatz und Handlungsablauf in Film und Erzählung gibt es einige. Die sexuelle Frustration zwischen Jacques und Jeanne Marie bzw. Hans und Cleopatra ist deutlich spürbar. Außerdem wird den Freaks in beiden Versionen eine fast übernatürliche Macht zugeschrieben, ähnlich wie man auch chinesische Charaktere im Hollywood der 30er und 40er mit der Kraft eines geheimen, bösartigen Wissens ausstattete, das jenseits des Fassungsvermögens der Weißen blieb.

Jacques Courbé und sein Hund, den er einst als Welpen in Paris in einem Rinnstein gefunden und großgezogen hatte, verfügen in »Sporen« ebenfalls über eine besondere Kraft. Zusammen, eine Art übersinnliches Tandem, kontrollieren sie Jeanne Marie. Ähnlich ist es in *Freaks*. Im Höhepunkt des Films sehen wir, wie die Freaks sich unaufhaltsam, mit übernatürlicher Zielgerichtetheit und Einheit auf ihre dem Untergang geweihten

Opfer zubewegen, geleitet von etwas, das Schwarzer Magie oder Voodoo gleicht – etwas, das jenseits unseres Wissens angesiedelt ist.

Ein auffallender Unterschied zwischen Film und Erzählung: In »Sporen« greifen die Freaks sich (während der Hochzeitsfeier) bei einer Rauferei gegenseitig an, die ebenso boshaft wie lächerlich ist, während sie in *Freaks* als Mitglieder einer Geheimgesellschaft mit eigenem Verhaltenskodex, einer eigenen Sprache und einer eigenen Tradition gezeigt werden. Diese Vorstellung von den Freaks als Mitgliedern einer in sich geschlossenen, brüderlichen Ordnung war ganz in Einklang mit der Weltanschauung des Regisseurs Browning und paßte auch gut zu Hollywoods Gier, neue Mythen zu schaffen.

Browning wird, als der Film in die Kinos kommt, erzählen, daß die Freaks abseits von der Gesellschaft, sogar abseits von anderen Zirkusartisten leben und daß es »äußerst schwierig ist, ihre Gebräuche, Sprache und Traditionen zu erlernen. Als ich vor Jahren beim Zirkus war, arbeitete ich monatelang daran, ihr Vertrauen zu gewinnen, und selbst dann erfuhr ich nur sehr wenig über sie.« Die Freaks hätten, führte Browning weiter aus, »über die Jahrhunderte eine eigene Sprache entwickelt, die sich wie Geschnatter anhört« (und die zum Teil, so hieß es jedenfalls, im Film verwendet wurde).

Brownings Ansicht nach waren Liliputaner besonders exotisch. Er behauptete, die meisten von ihnen kämen »aus den Bergen der Karpathen in Österreich, wo klimatische oder auch andere Umstände die endokrinen Drüsen des Körpers so zu beeinflussen scheinen, daß das Wachstum gestoppt wird ... sie bevölkern in Österreich ganze Dörfer, wo sie alles Mögliche treiben.«

Heute klingt so etwas wie das unverhüllte Ausschlachten von Vorurteilen, aber im Kontext der Zeit waren es die üblichen, die ganz gewöhnlichen Lügengeschichten eines Ausrufers beim Zirkus, nicht weit entfernt von dem, was Browning den Gaffern Jahre zuvor weisgemacht hatte, als er noch den »Wilden Mann aus Borneo« anpries.

Freaks wurde denn auch mehr wie eine Freak-Show denn als Horrorfilm angepriesen. Man verwob zu Reklamezwecken Tatsächliches mit Phantasiegebilden und erklärte die Freaks kurzerhand zu exotischen, phantastischen Wesen aus einer anderen Welt.

The Making of *Freaks*

Von Mitte Oktober bis Dezember 1931 wurde gedreht. Mittlerweile aber war bei den Zensoren die Unruhe über die neue Art von Horrorfilm gewachsen. Am 5. Dezember 1931 teilte Jason S. Joy, der für Hollywoods obersten Zensor Will Hays arbeitete, seinem Boß mit:»Vielleicht wäre es klug, sich eine frühe Einschätzung der Publikumsreaktion und der Meinung der Kritiker bezüglich *Dracula* von Universal und *Dr. Jekyll and Mr. Hyde* von Paramount zu verschaffen [...], die im Verleih sind oder in Kürze verliehen werden. Paramount will zudem bald einen anderen 'grausigen' Film produzieren, und Metro-Goldwyn-Mayer produziert *Freaks*, der etwa zur Hälfte abgedreht ist. Ist das der Anfang einer ganzen Reihe, die vielleicht besser aufgehalten oder erstickt werden sollte? Ich bin gespannt auf Ihren Rat.«

Browning hatte oft mit dem Schauspieler Lon Chaney gearbeitet, der ein genialer Maskenbildner war; für *Freaks* aber suchte er nach einer Steigerung: Er besetzte echte Freaks, beschäftigte also den größten aller Maskenbildner: Gott.

MGM wurde bombardiert mit Hunderten von Photos und Lebensläufen hoffnungsvoller Darsteller. Als die Besetzung schließlich feststand, hatte man die bemerkenswerteste Ansammlung von Freaks gefunden, die je in einem Film zu sehen war. Da war zunächst Prince Randian,»Der lebende Torso«, ein Schwarzer ohne Arme und Beine aus Britisch-Guayana, der sich im Film mit den Zähnen eine Zigarette rollt und sie anzündet. Dann Pete Robinson,»Das lebende Skelett«, Olga Roderick,»Die bärtige Frau«, Martha Morris,»Die armlose Schönheit« und Joseph/Josephine, halb Mann und halb Frau. Auch fünf Pinheads (Kleinköpfige oder Mikrozephale) traten im Film auf: Zip, Pip, Elvira Snow und ihre Schwester Jenny Lee Snow sowie die besonders populäre Schlitzie. Viele der Freaks übernahmen hinterher noch andere Filmrollen. Die deutschen Liliputaner Harry und Daisy (»Die Mae

41

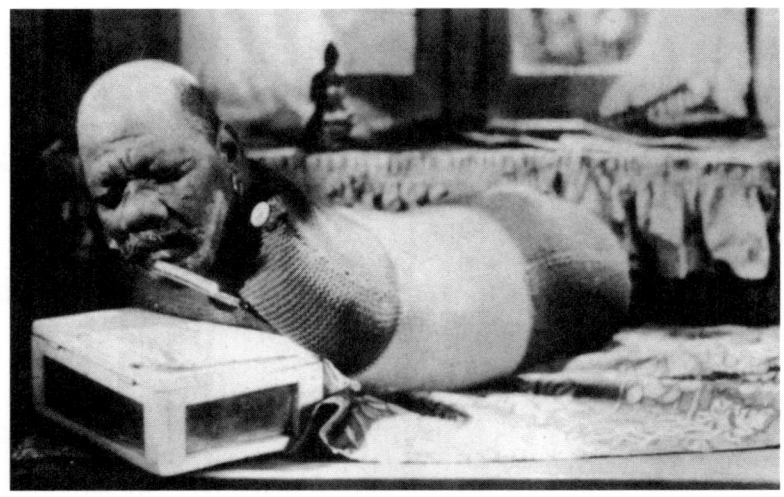

West von Lilliput«) Earles wurden 1939, zusammen mit ihrer ganzen Familie, im Klassiker *The Wizard of Oz* (Das zauberhafte Land) besetzt. Harry Earles trat auch in dem Western *Terror of Tiny Town* (1938) auf, in dem nur Kleinwüchsige spielten.

Die in England geborenen siamesischen Zwillinge Daisy und Violet Hilton waren 1950 die Stars des Exploitation-Films *Chained for Life*, während Johnny Eck, der charismatische »halbe Junge«, der ohne untere Körperhälfte geboren wurde, 1932 in dem von MGM produzierten *Tarzan the Ape Man* (Tarzan, der Affenmensch) ein vogelähnliches Scheusal spielte.

Der Meistbeschäftigte unter den Veteranen von *Freaks* war der Zwerg Angelo Rossitto, der später, in den 40ern, in vielen der Low Budget-Thriller von Monogram mitwirkte und auch in Filmen wie *Child Bride of the Ozarks* (1937), *The Wizard of Oz* (1939), *The Mesa of Lost Women* (1952), *Dementia* (1953), *The Trip* (1967), *Dracula vs. Frankenstein* (1969) und *Brain of Blood* (1971) spielte. Angelo blieb die 70er hindurch bis hinein in die 80er aktiv. Seine letzte größere Rolle hatte er 1985 in *Mad Max – Beyond Thunderdome* (Mad Max – Jen-

seits der Donnerkuppel), mit dem er seine Liste von Co-Stars wie Bela Lugosi, Boris Karloff, Lon Chaney jr. und Vincent Price noch um Tina Turner bereicherte.

Die Freaks, die in Tod Brownings Produktion mitgewirkt hatten, wurden trotz vieler weiterer Filmrollen fortan zuerst und vor allem mit diesem Film identifiziert.

Schwieriger beim Casting von *Freaks* erwies es sich, die »Normalen« zu besetzen. Victor McLaglen war die erste Wahl für die Rolle des Hercules, aber es kam zu keinem Vertragsabschluß. Irving Thalberg hatte ursprünglich Myrna Loy für die Rolle der Cleopatra gewollt, und Jean Harlow war die erste Wahl für die Rolle der Venus, aber beide lehnten ab.

Olga Baclanova, früheres Mitglied des Moskauer Kunsttheaters, die als Vamp der Stummfilmära ihre beste Zeit schon hinter sich hatte, wurde schließlich als Cleopatra besetzt. Baclanova mochte das Drehbuch, aber Browning hielt es klugerweise für besser, daß sie zuerst die Mitwirkenden kennenlernte.

So wurde sie Harry Earles vorgestellt. Beide sprachen Deutsch und kamen gut miteinander aus. »Dann zeigte er mir ein

Mädchen«, erinnerte sie sich später, »das aussieht wie ein Orang-Utan ... dann einen Mann, der einen Kopf hat, aber keine Beine, überhaupt nichts, nur einen Kopf und einen Körper wie ein Ei ... er zeigte mir einen nach dem anderen, und ich konnte nicht hinsehen, ich wollte nur noch ohnmächtig umfallen. Ich wollte heulen.«

Schließlich war die Baclanova aber bereit, die Rolle zu übernehmen. »Es war sehr, sehr schwierig das erste Mal. Weil ich sie nicht ansehen konnte ... es hat mir wehgetan, als Mensch. Welches Glück ich doch hatte! Aber dann fing ich an, mich an sie zu gewöhnen.« An alle, bis auf eine, »die wie ein Affe war, sie wird manchmal verrückt.« (Ein Bericht über die Dreharbeiten erwähnt »einen Pinhead, der an seinen Aufpasser angekettet ist«.)

Seltsame Begegnungen aber waren nicht nur auf die Crew beschränkt. Der Autor F. Scott Fitzgerald etwa traf sich mit dem Drehbuchautor Dwight Taylor in der Kantine von MGM

zum Mittagessen. Als sie den Raum betraten, fanden Fitzgerald und Taylor ihn voller Freaks. »Scott und ich hatten uns gerade hingesetzt, als die Hilton-Schwestern, ein an der Taille verbundenes siamesisches Zwillingspaar hereinkamen und sich am selben Tisch auf einen Platz für eine Person setzten. Eine von ihnen nahm die Speisekarte und fragte die andere, ohne sie auch nur anzusehen: ›Was nimmst du?‹ Scott wurde grün wie eine Erbse, hielt sich die Hand vor den Mund und raste hinaus ins Freie.«

Von da an durften die Freaks mit Ausnahme der Earles und der Hilton Sisters die Kantine nicht mehr betreten und wurden fortan in einem Zelt, das näher beim Set war, verköstigt. »Es war schlimm genug«, so der Cutter Basil Wrangell, »die Freaks tagsüber sehen zu müssen, wenn man über das Set ging oder an ihnen vorbei mußte, wenn sie beim Essen waren, aber wenn man sie sich 18 Stunden am Tag am Schneidetisch ansehen mußte, dann wollte man nur noch die Wand hochgehen.«

Die Produktion von *Freaks* wurde von Kontroversen aller Art begleitet. Louis B. Mayer bestand darauf, die Geschichte mit äußerster Zurückhaltung zu verfilmen, und es heißt, er sei sehr aufgebracht darüber gewesen, daß sich Thalberg überhaupt mit dieser Travestie einverstanden erklärt hatte. Der Produzent Harry Rapf trat lautstark dafür ein, den Film sterben zu lassen, der Regisseur Jack Conway aber unterstützte Thalberg (mit einem ziemlich zweischneidigen Kompliment): »Irving hat so oft recht, daß er sich dadurch das Recht erworben hat, auch einmal unrecht zu haben.«

Und selbst Thalberg begann allmählich Angst vor der eigenen Courage zu bekommen. Nach der Lektüre des ursprünglichen Treatments zu *Freaks* soll er den Kopf in den Händen vergraben und ausgerufen haben: »Ich habe etwas verlangt, das Grauen einflößt, und ich habe es bekommen!«

Hätte man sich genau an das Drehbuch gehalten, wäre es ein Film von noch ätzenderer Qualität geworden. Gewisse Szenen wurden aber während des Drehens abgeschwächt. Für die berühmte »Gobble, gobble«-Hochzeitsbankettszene etwa war ursprünglich vorgesehen, daß die Freaks in den Pokal mit Wein sabbern sollten, wenn er am Tisch herumgereicht wird, um das Ekelgefühl noch zu verstärken.

Anfang 1932 war *Freaks* fertiggestellt und für den Verleih vorbereitet: ein Meisterwerk des Bizarren – mit kleinen Mängeln – im Kleid einer Geschichte aus einer stilisierten Vergangenheit. Das größte Problem des Films lag in der begrenzten bis nicht vorhandenen Schauspielkunst der Freaks. Gewisse Dialogzeilen etwa, die von Prince Randian und Schlitzie gesprochen werden, waren nicht nur wenig überzeugend, sie waren völlig unverständlich. Auch Baclanovas starker russischer Akzent und der deutsche Akzent der Earles' waren der dramaturgischen Wirkung abträglich und verstärkten den Effekt der Gestelztheit.

Der Filmhistoriker David Skal hat Vermutungen darüber angestellt, ob der Film künstlerisch und kommerziell erfolgreicher gewesen wäre »als Stummfilm, der ursprünglich daraus

werden sollte. Die überdeutlichen Schwächen der Freaks beim
Sprechen von Dialogzeilen hätten keine Rolle gespielt, und
die erhöhte Stilisierung der Stummfilme mit der festen Form
von Zwischentiteln und dauernder Musikbegleitung hätte
viel dazu beitragen können, die Reaktion des Publikums zu
dämpfen.«

Dennoch, durch die starke Geschichte und vor allem die
wagemutige und unerschrockene Darstellung der Freaks wird
dies mehr als wettgemacht. Drei Szenen aus *Freaks* stechen als
klassische Szenen des amerikanischen Tonfilms besonders hervor: (1) Die oft beschriebene Hochzeitsbankettszene, (2) die
Gewitterszene am Schluß, in der die Freaks sich an Cleopatra
und Hercules heranarbeiten, und (3) eine Szene im ersten Drit-
tel des Films, wo Madame Tetrallini sich mit ihren »Kindern«
(den Freaks) in einer sonnenbeschienenen Waldlichtung ver-
gnügt. Diese Szenen zeichnen sich durch eine visuelle Poesie
aus, die das Können des Kameramanns Merrit B. Gerstad sicht-
bar werden lassen.

558-74

Die Freaks werden enthüllt

Als der Film zum ersten Mal in San Diego vorgeführt wurde, rannte eine Frau laut schreiend aus dem Kino. Und auch bei den Kritikern provozierten die ersten Vorführungen des Films äußerst starke Reaktionen – die meisten waren vernichtend. »Mr. Browning war schon immer ein Experte für pathologische Morbidität«, schrieb die *Herald Tribune* als zweifelhaftes Kompliment, »aber nachdem wir *Freaks* gesehen haben, wirken seine anderen Filme nur noch wie drollige Kindergeschichten.«

»Die Schwierigkeit«, stimmte die *New York Times* ein, »liegt darin zu sagen, ob der Film im Rialto Kino gezeigt werden sollte – wo er gestern angelaufen ist – oder, sagen wir, im Krankenhaus.« Der Kritiker von *Harrison's Reports* empfand ihn als »so eklig, daß mir schlecht wird, wenn ich nur daran denke«.

Freaks und Universals *Murders in the Rue Morgue* wurden im Februar 1932 gleichzeitig in Washington D.C. gestartet und veranlaßten die *Washington Post* zu unheilverkündenden Spekulationen über den wachsenden Appetit der Öffentlichkeit für alles Morbide: »Jene neurotischen Individuen, die ihre Zeit gern damit verbringen, hinter Krankenwagen und der Feuerwehr herzufahren, sehen sich, im Moment, als die Nutznießer einer Ära des Films, die sich vor allem ihnen und ihren merkwürdigen Vorstellungen von Unterhaltung widmet«, schrieb der Kritiker Nelson Bell.

Andere Kritiker lobten den Film, wenn auch voller Ironie. »Was die reine Sensationslust angeht, so übertrifft *Freaks* alle bisher gedrehten Filme«, schrieb Louella Parsons, Hollywoods berühmte Klatschkolumnistin. »Ich kam von einem fröhlichen Zusammensein bei Mrs. Gardner Sullivan, die zum Lunch geladen hatte, ins Criterion Kino und ich fühlte mich, als wäre ich plötzlich eingeschlafen und hätte einen verrückten Alptraum ... *Freaks* ist ein Film, der sich so sehr von anderen unterscheidet, daß das Publikum ihn wird sehen wollen.«

Der *Motion Picture Herald* veröffentlichte am 23. Januar 1932 eine der ersten Kritiken des Films. »Daß die Produktion in

Konzeption und Ausführung kühn und neuartig ist, steht außer Frage«, stellte das Fachblatt fest, äußerte zugleich aber ernste Zweifel am »Geschmack, der sie hervorgebracht hat.«

Eine noch wichtigere öffentliche Reaktion aber findet sich in *Variety*. Nachdem *Freaks* im Juli endlich auch in New York angelaufen war, heißt es dort: »Von Metro als einer der spektakulärsten Filme der Saison geplant, ist *Freaks* in der Kategorie »Todsicher« gescheitert und ist in den meisten Landesteilen mit überraschend unterschiedlichen Ergebnissen gezeigt worden. An manchen Orten hat er einen hervorragenden Schnitt gemacht. An anderen war er eine einzige Pleite.«

Freaks stieß auf Probleme mit der Zensur, als die neue Horrorfilm-Welle begann, zusammen mit Stars wie der aufreizenden Mae West, unter Druck zu geraten, die damals die Gesichter der Zensoren mit Filmen wie *Night After Night* und *She Done Him Wrong* rot anlaufen ließ. Die wegen ihrer Unerbittlichkeit berüchtigte Zensurbehörde von New York schnitt fast 30 Minuten aus *Freaks* heraus. In einer Reihe von Ländern wurde der Film von vornherein verboten; darunter auch in Großbritannien, wo er erst 1963 gezeigt werden konnte.

Baxter Phillips stellt in seinem Buch *Cut – The Unseen Cinema* fest, daß *Freaks* weltweit von der Zensur der Garaus gemacht wurde.

Das mußte das Elend bei MGM noch verschlimmern, da allein die Einnahmen im Ausland über Erfolg oder Mißerfolg eines Films entscheiden konnten. Mit dem Film verlor man Geld. Aber nicht nur das; er brachte Mayer und andere aus der Führungsetage von MGM, die ihn von Anfang an nicht gemocht hatten, in Verlegenheit. Denn mit *Freaks* war man ein Risiko eingegangen, und Risikos waren in der Depression nun einmal bei keinem Studio gefragt.

Seit 1930 war der Kinobesuch allmählich zurückgegangen, und 1932 wurde der Rückgang dramatisch. Ende 1932 lagen die wöchentlichen Zahlen um 40 % hinter denen von 1929 zurück, und fast 20 % der amerikanischen Filmtheater mußten ihre Tore schließen. MGM blieb liquide, aber man sprach von Massenentlassungen und der drohenden Schließung von Studios.

Als Folge davon wurde *Freaks* abrupt aus dem Verleih genommen und in ein Fegefeuer verbannt, wie es eine Studioproduktion dieser Größe bisher nur selten erlebt hatte. Es ging sogar das Gerücht, man habe das Negativ ohne große Umschweife in die Bucht von San Francisco geworfen. Und selbst heute kann man bisweilen noch lesen, daß Tod Browning durch *Freaks* zerstört worden sei, daß ihn dieser Film ruiniert hätte. Dabei arbeitete Browning acht weitere Jahre als Regisseur und drehte für MGM noch die Filme *Fast Workers* (1933), *Mark of the Vampire* (Das Zeichen des Vampirs, 1935), *The Devil Doll* (1936) und 1939 *Miracles for Sale*.

Er schrieb danach für MGM einige Drehbücher und zog sich 1942 dann endgültig nach Malibu zurück. Über den Film, der ihm die wohl schwerste Enttäuschung seiner Karriere bescherte, hat er öffentlich nie wieder gesprochen. Als er starb, wurde *Freaks* im Nachruf der *New York Times* nicht einmal mehr erwähnt ...

It's Alive!

Freaks schien völlig tot und begraben zu sein. Während der 30er und bis hinein in die 40er Jahre geriet er in totale Vergessenheit. Aber der Sargdeckel war nicht ganz geschlossen, und 1948 bekam Amerikas verschlagenster und dämonischster Ausschlachter von Attraktionen, mit denen man durchs Land ziehen konnte, Dwain Esper, den Kadaver in seine Klauen. Mit einem Schuß seines wohlerprobten Zirkus-Voodoo – zu gleichen Teilen Blitze aus der Dose und elektrifizierter Presse-Overkill – erweckte er ihn wieder zum Leben.

Frankenstein nicht unähnlich, holte er den Film aus dem Grab, verpaßte ihm mit Hilfe einer Werbekampagne und zwei neuer Titel ein neues Gesicht und ließ an ihm zudem noch eine schlampige Organtransplantation durchführen, in Form neuer Szenen mit Freaks, die mit dem Film nichts zu tun hatten und die Esper darin »verklappt« haben soll.

Geboren 1893 (einige sagen 1899), diente Esper im 1. Weltkrieg beim Militär und wurde erfolgreicher Bauunternehmer, bevor er mit stummen Western in sechs Akten ins Filmgeschäft einstieg. Er stürzte sich in den Exploitation-Film, als er eine schmächtige blonde Frau deutscher Abstammung namens Hildegarde kennenlernte und heiratete. Eine lange gemeinsame Odyssee hindurch wird sie ihm treu zur Seite stehen, auf der Bühne Vorträge halten und Drehbücher schreiben. Die Schattenseite des Showbusiness war Hildegarde nicht fremd. Ihre Karriere hatte sie mit acht Jahren begonnen, als sie als Schlangenbeschwörerin die Komplizin ihres Onkels wurde, der von einem Pferdewagen herunter Schlangenöl verkaufte. 13 Jahre später lernte sie Esper kennen, der sich sein Geld mit Motorrad-Stunts verdiente, während sie für die *Los Angeles Times* arbeitete. Wieder einige Jahre später zeigte Hildegarde Dwain ein Drehbuch für einen Film mit dem Titel *Narcotic*, zu dem sie der Tod ihres drogensüchtigen Onkels inspiriert hatte und schlug ihm vor, den Film selbst zu produzieren. Das taten sie dann auch.

1932 brachten sie *Narcotic* mit großem Erfolg heraus. Bis in die 50er Jahre hinein hielt dieser Erfolg an, indem sie den Film auf Jahrmärkten durchs Land schickten. Auf dem Höhepunkt der Popularität von *Narcotic* in den späten 30ern und frühen 40ern zeigte Esper zusammen mit dem Film als zusätzliche Attraktion den einbalsamierten Körper von »Elmer, dem Rauschgiftsüchtigen«.

Genau diese effiziente Verbindung von einem Film und den »lebenden« (oder ebenso oft »toten«) Elementen der Zirkus-Sideshow setzte Esper dann später auch bei den Wiederaufführungen von *Freaks* ein, nachdem er 1948 die Verleihrechte für eine angeblich lächerlich geringe Summe von MGM erworben hatte.

Daß ein großes Studio die Rechte für einen Film, der einmal eine Großproduktion gewesen war, an so jemanden wie Esper billig verscherbelt (wäre es nicht billig gewesen, hätte Esper sie nicht erworben), klingt unglaublich. Aber man darf nicht vergessen, daß das lange vor der Zeit geschah, in der das Fernsehen, Kabelkanäle und Video begannen, das Leben von Filmen zu verlängern. War ein Film im Kino einmal ausgewertet worden, so war er in den meisten Fällen Geschichte. Die seltenen großangelegten »Revivals« oder die Reise durch die verschiedenen Exploitation-Unternehmen waren die einzigen Möglichkeiten, die noch blieben, um die finanzielle Lebensfähigkeit eines Films zu erneuern.

Esper hatte auch die Rechte für andere Filme gekauft, darunter *The Good Earth* (Die gute Erde, 1937). Mit *Freaks* ging Esper fast zehn Jahre lang auf Tour. Er zeigte den Film in schäbigen Vaudeville- und Burlesktheatern, heruntergekommenen Spelunken in billigen Vergnügungsvierteln und dreckigen Dorfkinos. Außerdem verramschte er den Film als Billigangebot in den neuen Autokinos, wo Teenager und hoffnungsvolle Perverse einen Film in der Anonymität ihrer Automobile sehen konnten.

Esper taufte *Freaks* zuerst in *Forbidden Love* und dann in *Nature's Mistakes* um und sorgte für eine ganze Lawine sensationslüsterner Plakate und Presseberichte, die den Film als ein Bombardement abnormer sexueller Elemente darstellte. Um *Freaks* zu verkaufen, machte er Säufer, geile Matrosen, heißblütige Teenager und unklassifizierbare Degenerierte scharf und lockte sie so in die Kinos, in der Hoffnung, dort einen Blick auf eine Nacktheit zu erhaschen, die der Film nirgendwo enthielt.

Der Filmhistoriker und Produzent von Exploitation-Filmen David F. Friedman erinnert sich an eine Begegnung mit Esper 1949 in einem ungepflasterten, abgelegenen Autokino außerhalb von Charlotte, North Carolina, wo Esper *Freaks* unter dem Titel *Forbidden Love* zeigte: »Espers Plakate garantierten ein Übermaß an Lüsternheit. Dauerregen hielt von der Fleischeslust verrückt gemachte Bewohner von Carolina nicht davon ab, den schlammigen Filmverschlag zu füllen. [...] Esper verhinderte an diesem Abend mit völliger Ruhe, daß in dem Dreckloch ein Tumult ausbrach. Nachdem es *Freaks/Forbidden Love* gesehen hatte, ohne jegliche nackte Haut, begann das aus lechzenden Degenerierten bestehende Publikum mit einer lautstarken Demonstration. ›Da, leg das ein!‹ befahl Esper dem Vorführer und gab ihm seine ›Problemlösungs‹-Rolle, einen zehnminütigen Jux aus dem Nudistenlager, der ein beträchtliches Maß an Epidermis zur Schau stellte, von Männern wie von Frauen – für jeden etwas. Die Sexsüchtigen waren jetzt befriedigt, verließen einträchtig das Autokino und ließen alles intakt.«

Friedman beschreibt noch andere Versuche zur Vermarktung des Films: »Stets der schrecklich geniale Showman, zimmerte Esper eine Kombination aus Film- und Live-Programm und nahm eine von dem Zirkusveteranen Sam 'Der Mann ohne Gesicht' Alexander angeführte Truppe menschlicher Kuriositäten unter Vertrag, um zusammen mit dem Film auf Tournee zu gehen. Esper verkaufte und betrieb das Ganze wie eine Zelt-Show und hängte Fahnen aus Segeltuch an die Frontwände der Theater. Die Darsteller (Freaks) arbeiteten auf Podesten in der Eingangshalle, deren Boden Esper mit Sägemehl bedeckt hatte. So reiste er fünf Jahre lang umher. Es wirkte wie Zauberei.«

Espers Geisterbeschwörung mit *Freaks* war denn auch kein echtes »Revival«. Sie glich eher einem Todesmarsch der Zombies. In den Städten spielte er den Film in den heruntergekommensten Kaschemmen als Teil eines Doppelprogramms mit Filmen wie *Beast of the Amazon* oder *Hot Money Girl* oder einer von Espers eigenen Superbillig-Produktionen. Auf dem Land prügelte Esper den Film durch Kleinstädte und das Hinterland der Hillbillies, bis tief in den Süden.

Die Kritiker, die Gelehrten, die Filmstudenten, sie schrieben nicht über *Freaks* – wahrscheinlich wußten sie nicht einmal, daß er noch gespielt wurde – an einem anderen Ort, vor einer anderen Bevölkerungsschicht. Heute, in einer Welt der modernen Massenmedien, kaum mehr vorstellbar, wo an einem bestimmten Tag das ganze Land dieselbe Episode einer Fernsehserie sieht. Aber selbst wenn intellektuelle Kritiker und »Cineasten« gewußt hätten, daß *Freaks* noch gezeigt wurde, sie hätten darüber gespottet. Der Film war so sehr »out«, so vergessen und begraben, wie es ein Film nur sein konnte.

1956 bereitete eine wohlhabende Cineastin aus San Francisco, Mrs. Willy Werby, eine Horrorfilm-Retrospektive vor – zusammengestellt für die Camera Obscura Film Society, der sie vorstand. Die Retrospektive sollte »Die Geschichte des Makabren« heißen und aus einer Zusammenstellung kurzer Filmausschnitte sowie einem Spielfilm bestehen, den es noch auszuwählen galt. Freunde von Mrs. Werby, die Film-Aficionados Val und Claire Golding, verwiesen sie an den berühmten Satanisten Anton LaVey, der auch in San Francisco lebte und sich zu der Zeit mit Recherchen zum Übernatürlichen, Geisterjagd und dem Orgelspiel in Morray's Point beschäftigte.

LaVey, der sich im Genre des esoterischen Horrorfilms bestens auskannte, sah eine Gelegenheit, *Freaks* wieder auszugraben – einen Film, von dem Mrs. Werby noch nie etwas gehört hatte – und so für dessen angemessene Würdigung im Kontext des klassischen Horrorfilms zu sorgen. Mrs. Werby war fasziniert von dem, was LaVey ihr erzählte, und beschloß, als Spielfilm für »Die Geschichte des Makabren« *Freaks* auszuwählen.

Die satanischen Qualitäten des Films waren LaVey natürlich bewußt, war er doch selbst ein Teil jener karnevalesken Unterwelt, aus der die Freaks kamen – aus einem Reich der Halluzination, wo sich das Schöne und das Scheußliche miteinander verbinden, sich neu formieren und wieder zu den beiden Bestandteilen Horror und Verlangen werden. Der Karneval war nun einmal ein Hexenkessel aus Angst, Mitleid, Lust, Abneigung, Schrecken und Gelächter – all diese fundamentalen menschlichen Emotionen umgerührt und manipuliert von Zauberern der Horrorshow, die vor den brüllenden Massen auftraten und ihre Tricks mit der Hysterie der Menge mischten und dabei etwas Magisches entstehen ließen.

Daß Cutter, Regisseure und Kameraleute in gewisser Weise auch Magier waren, wußte LaVey sehr genau. Film war für ihn eine Zauberei, sie reichte bis zu den frühesten Filmprojektoren wie dem Kinetoskop und dem Vitaskop zurück, diesen Werkzeugen von Furcht und Illusion. Er sah in ihm eine ungeheure Macht, einen Lichtstrahl mit einem direkten Zugang zur Psyche und zur Seele ... ein Medium, das zu großartiger Ketzerei fähig war.

So war das Kino eine von LaVeys großen Leidenschaften, besonders das frühe Exploitation-Kino, das mit reisenden Karnevalsdarbietungen das Milieu, die Technik und die Ästhetik teilte. Und *Freaks* wurde für ihn zu einer Art heiligem Artefakt. Er gab dem Film persönlich seinen Segen, zumal er auch mehrere der Freaks kannte, die darin auftraten.

Bis heute hat er eine intensive Verbindung zu dem Film. Bei einem Besuch in seinem berühmten, völlig schwarzen Haus im nebelverhangenen Hill-Distrikt von San Francisco sah ich, wie er über eine versteckte Treppe durch einen beweglichen Kamin aus seinem Keller auftauchte, mit einem vollständigen Satz von Hundert originalen Studio-Standbildern sowie den Plakaten von damals und einem Stapel vergilbter Zeitungsausschnitte, die die Geschichte des Films auf einzigartige Weise dokumentieren.

Mrs. Werby begann also, nach einer Kopie von *Freaks* zu suchen. Doch es schien keine mehr zu geben. 1956/57 war *Freaks* wirklich ein »verlorener« Film. Einige Leute hatten gerüchteweise davon gehört, die meisten hatten ihn nie gesehen. Mrs. Werby rief bei MGM einige Anwälte an. Auch die wußten nichts über den Verbleib des Films. Sie wußten zuerst nicht einmal, wer die Rechte besaß.

In ihrem Bemühen, den Film ausfindig zu machen, folgte sie »vielen falschen Spuren«, versuchte etwa, mit »Warwick Films« Verhandlungen aufzunehmen, einer nicht existierenden Firma, die Dwain Esper als ein Ausweichmanöver für irgend etwas geschaffen hatte. Raymond Rohauer, ein Filmverleiher von äußerst anrüchigem Ruf, bemühte sich auch gerade, den Film zu lokalisieren, und war ebenso erfolglos.

Erst als Mrs. Werby auf der Rückseite eines Standphotos von *Freaks* die Adresse eines Kinos in New York las, ergab sich schließlich die Verbindung zu Dwain Esper. Endlich! Mrs. Werby kaufte von Esper die Rechte für eine Summe, die sich um die 5 000 Dollar bewegt haben soll. Sie traf Esper, um den Handel perfekt zu machen. Er habe nicht sonderlich glücklich gewirkt, so, als hätte er schon bessere Tage gesehen. Seine Begeisterung über den Handel versuchte er zu verbergen, doch war er offensichtlich begierig und froh, für ein »zuschandengerittenes Pferd« noch 5 000 Dollar zu bekommen. Er hatte etwas von dem Geruch aus *Der Tod eines Handlungsreisenden* an sich, erinnert sich Mrs. Werby.

Esper hatte *Freaks* so lange ausgebeutet, bis es für ihn nichts mehr zu holen gab. Er hatte den Firm seit Jahren nicht mehr gezeigt, und es erwies sich als schwierig, eine gute Kopie zu finden. Natürlich hatte sich niemand um eine angemessene Konservierung gekümmert, und die meisten der 35 mm-Nitratkopien waren in einem schlimmen Zustand. Die Suche nach einer guten Kopie führte in entlegene Lagerhäuser und moderige Hinterzimmer halb verfallener Filmpaläste. Aber schließlich fand sich endlich eine gute Kopie im Keller von Pete DeCenzies Burlesk-Theater in Oakland.

Unter Mrs. Werbys Aufsicht wurde der Film von da an auch hin und wieder in Universitäten, Filmmuseen und vor Filmgesellschaften aufgeführt – ein erstes Auftauchen aus Espers langer, whiskygetränkter Nacht der Ausbeutung.

Die Reanimation des Films hatte still und leise begonnen. Mrs. Werby verkaufte kurz danach die Rechte für 15 000 Dollar an Raymond Rohauer, und zusammen mit Myron Bresnick, der die kinounabhängigen Rechte besaß, verlieh er den Film, bis die Rechte an MGM zurückfielen.

Rohauer hatte sich auf erfolglose »Revivals« alter Filme spezialisiert, erinnert sich Mrs. Werby, aber später verdiente er viel Geld mit Filmen von Buster Keaton. Mrs. Werby nennt ihn

»pathologisch«. »Um nichts bezahlen zu müssen, bekämpfte Rohauer einen lieber vor Gericht oder bezahlte Rechtsanwälte, die einen bekämpften. Er war ein Meister, wenn es darum ging, beide Seiten eines Falles darzulegen – vor allem die Seite, die ihm gerade in den Kram paßte.« Tatsächlich weigerte Rohauer sich so lange, Mrs. Werby zu bezahlen, bis ein Sheriff auf ihre Veranlassung zu einem Kino fuhr, in dem *Freaks* gezeigt wurde und die Einnahmen pfändete.

Das Revival

Die frühen 60er erlebten dann eine wirkliche Wiederentdeckung und Rekontextualisierung des Films. Im Oktober 1961 buchte Dan Talbot, Programmacher der New Yorker Film Society *Freaks* für eine Woche für das New Yorker-Kino an der Ecke des Broadway und der 88. Straße (West). Diane Arbus, eigentlich eine Modephotographin, deren photographische Streifzüge im Milieu des Grotesken weltberühmt werden sollten, wohnte Abend für Abend der Vorstellung bei, völlig hingerissen.

Die Underground-Szene, die damals im East Village in der Gegend des Charles, des Cinema 16 und des Living Theatre Gestalt annahm, sollte *Freaks* besonders begeistert begrüßen. Die Vorliebe der Undergroundfilmer, statt glamouröser, auf Hochglanz polierter Berufsschauspieler lieber ungewöhnliche Laien zu besetzen, fand in *Freaks* einen seiner Vorläufer. Denn was die Kritiker als Schwäche des Films empfanden, war für die Underground-Szene eine Stärke. Freaks waren für sie eben keine Schauspieler, sondern »echte Menschen«, deren Ernsthaftigkeit und Verletzlichkeit um so mehr durchscheint, wenn sie mit ihren Dialogen ringen. Und man glaubte, einige der Freaks, besonders die Pinheads, seien nur vor die Kamera geschickt worden, um einfach sie selbst zu sein (genauso wie man Jack Smith, Joe Dallesandro und Edie Sedgwick vor die Kamera schob). Dem Zuschauer wurde durch diesen »Kunstgriff« etwas wirklich Anormales, etwas wirklich Wirkliches geboten – statt des sterilen Kitsches, mit dem das Hollywood der 30er Jahre das Publikum ansonsten überschüttete.

Der Underground-Film führte dieses Feiern abnormer Persönlichkeiten zu neuen Höhen. Andy Warhol hatte mit Candy Darling, Jackie Curtis und Holly Woodlawn sein kreischendes Transvestitentrio. Ron Rice entschleierte seine schwarze (häufig nackte) »Fat Lady« Winifred Bryant in *The Queen of Sheba Meets the Atom Man*, und John Waters machte die Welt später mit dem rundlichen Frauenimitator Divine, der schwarzen »Fat

Lady« Jean Hill und der völlig unbeschreibbaren »Egg Lady«
Eddie Massey bekannt. Alles liebenswerte Freaks.

Daß die meisten Filmemacher selbst von der Gesellschaft Ver-
femte waren, machte das alles nur noch interessanter, und es
war jetzt höchste Zeit, diese Tatsache zu feiern. 1962 wählte
das Film Festival von Venedig *Freaks* für seine Horrorfilm-
Kategorie aus, und in Europa, wo die Cineasten und Gelehrten
in intellektuellen Zeitschriften über den Film schrieben und
Adjektive wie »sensibel« und »mitfühlend« verwendeten, war
die Wiederbelebung – tatsächlich war es eher eine Heiligspre-
chung – in vollem Gange.

Ironischerweise war 1962 auch Tod Brownings Todesjahr. Er
starb am 6. Oktober im Alter von 82 Jahren in Santa Monica in
Kalifornien im Haus von Freunden, die ihn bei sich aufgenom-
men hatten. Seine letzten Jahre verbrachte er ziemlich isoliert.
Seit Jahren hatte es das Gerücht gegeben, er sei bei einem Auto-

unfall ums Leben gekommen. *Freaks* allerdings führte längst ein eigenes Leben, vielleicht auch neun, jedenfalls nicht weniger.

1967 kaufte das Museum of Modern Art in New York den Film. In San Francisco erlebten die Hippies gerade den »Sommer der Liebe« und verwendeten von da an den Begriff »Freak« immer häufiger. Viele von ihnen betrachteten sich als Freaks und waren stolz darauf. Im selben Jahr drehte der Exploitation-Regisseur David F. Friedman als Hommage auf *Freaks* einen Film, den er *She Freak* nannte. Friedman hatte Johnny Eck als Star des Films gewollt, der aber wollte nichts davon wissen und lehnte das Angebot ab.

Das nächste Comeback gelang *Freaks* in den 70ern in der Ära der »Midnight Movies«, als der Film von einer ganz neuen Generation gesehen wurde. Manchmal wurde er in Doppelpro-

grammen mit anderen wiederentdeckten Filmen aus jener Zeit wie *Reefer Madness* oder *Terror of Tiny Town* gezeigt. Immer öfter jedoch lief er in beunruhigenden Programmen zusammen mit Filmen wie *Pink Flamingos*, *Eraserhead* oder *Night of the Living Dead*. Jonathan Rosenbaum bezeichnet *Freaks* in seinem 1983 erschienenen Buch *Midnight Movies* als die möglicherweise älteste aller Mitternachts-Attraktionen. Das »Überschreiten von Tabus, die Sex und Entstelltheit einbeziehen«, nennt er als Grund, weshalb der Film die Jahre hindurch ein einzigartiges Exploitation-Produkt geblieben ist.

In den 70ern gewann der Film übrigens noch weitere Anhänger, etwa New Yorks führende Punkband *Ramones*, die 1981 ihre große Wertschätzung des Film dokumentierten, indem sie ihre Autobiographie *Gabba Gabba Hey* nannten – ihre eigene schräge Übersetzung des berühmten »Gobble, Gabba ...«-Gesangs der Hochzeitsszene.

»Dieses 'Gabba Gabba Hey We Accept You One Of Us' im Lied 'Pinhead'«, erklärt Tommy Ramone, »hatten wir aus diesem Stummfilm [sic] der 30er, *Freaks*, von diesem Kerl namens Tod Browning. Wenn die Freaks einen neu bei sich aufnahmen, trugen sie Schilder, auf denen stand 'Gabba Gabba Hey, wir nehmen dich auf'.«

»Wir versuchten, einen Gesang zu finden«, ergänzt Joey Ramone. »Wir konnten uns nicht entscheiden, ob sie sagten 'Gabba Gooble' oder 'Gabba Gabba' oder 'Gooble Gabba', also nahmen wir einfach 'Gabba Gabba', aber wir fanden dann heraus, daß es nicht 'Gabba Gabba' heißt, sondern 'Gooble Gabba, Gabba Gooble'!«

»Ich habe den Film zehnmal gesehen«, bezeugt Joey Ramone. »Er ist eine unserer größten Inspirationen.«

Konzertszenen aus dem Ramones-Kultfilm *Rock and Roll Highschool* von 1979 zeigen als Freaks verkleidete Fans beim Slam-Dance, die während des Lieds »Pinhead« Schilder mit der Aufschrift »Gabba Gabba Hey« hochhalten.

Der Kultfilm-Regisseur John Waters sah *Freaks* zum ersten Mal Mitte der 60er, als er die New Yorker Underground-Szene frequentierte. 1984, mittlerweile war er ein etablierter Regisseur und selbst ein Star, bot er in einem Gefängnis in Maryland einen Filmkurs an und zeigte dort *Freaks*. Die Reaktion der Inhaftierten? »Sie mochten den Film ...«, sagt Waters und kann bei der Erinnerung daran ein leises, bösartiges Lachen nicht unterdrücken.

1986 brachten MGM/UA *Freaks* voller Stolz und in kunstvoller Verpackung als Video auf den Markt – denselben Film, den Louis B. Mayer mehr als ein halbes Jahrhundert zuvor aus dem Verleih genommen hatte. Die Videoveröffentlichung brachte dem Film eine sofortige massenhafte Verbreitung, die alle Wiederaufführungen im Kino bei weitem überstieg und einige unbeabsichtigte Resultate zur Folge hatte.

Johnny Eck, der verarmt mit seinem Zwillingsbruder Rob noch immer im selben Reihenhaus in der North Milton Avenue in Baltimore wohnte, in dem er zur Welt gekommen war, wurde plötzlich von einer neuen, zumeist unangenehmen Fangeneration heimgesucht, die den Film über das Video entdeckt hatte. Der Film aber war das Letzte, worüber er reden wollte.

Im Dezember 1990 erfuhr auch die für die Filmklassiker zuständige Abteilung bei MGM von Ecks mißlicher Lage, und man beschloß, eine 35 mm-Kopie von *Freaks* für eine Benefizveranstaltung zur Verfügung zu stellen, die im Coolidge Corner Theater in Boston stattfinden sollte. Zu der Veranstaltung, die für das Frühjahr geplant war und deren Reinerlös an Eck gehen sollte, kam es jedoch nicht mehr – die *Variety*-Ausgabe vom 4. Februar 1991 veröffentlichte einen Nachruf auf ihn. Erst jetzt erfuhr man, daß er bereits am 5. Januar 1991 gestorben war.

Für Johnny Eck war die Erinnerung an den Film *Freaks* sein Leben lang mit der Verbitterung über die geringe Summe verknüpft, die er damals für seinen Auftritt bekommen hatte. Ein unehrlicher Agent hatte ihn damals betrogen.

Dennoch war *Freaks* für ihn auch eine Quelle glücklicher Erinnerung: Erinnerungen an den Karneval einer längst vergangenen Zeit, an ausverkaufte Vorstellungen, an riesige Zelte und die Sensationen aus seiner großen Zeit als Live-Darsteller in den 20ern und 30ern. All das existierte jetzt plötzlich nur noch in einem Stapel alter Photos und Zeitungsausschnitte – und in einem grandiosen Film.

Die wenigen Minuten, in denen Johnny Eck in *Freaks* zu sehen ist, machten ihn unvergessen. Sie zeigen ihn uns in der Rolle seines Lebens. Mehr gab es nicht zu sagen – und so weigerte er sich denn auch kategorisch, über *Freaks* zu sprechen.

Im selben Jahr wie Johnny Eck starb auch Angelo Rossitto, blind und unter Depressionen leidend, in einem Altenheim in Hollywood. Auch er hatte sich immer geweigert, über *Freaks* zu sprechen.

Ein Schock für alle Zeit

Freaks ist ein einzigartiger Film. Vielleicht, weil er sich nicht so einfach einordnen läßt. Man kann ihn aus vielen Blickwinkeln betrachten, kann ihn ausbeuten und ausweiden, ihn verdammen, preisen oder interpretieren, seine geheimnisvolle Aura aber verliert er dadurch nicht: Einst von Tod Browning als erhellender Blick auf das Leben in den Sideshows geplant, von MGM als »Monsterfilm« verkauft, von Esper als Enthüllung der schockierenden Sexualität der »Freaks« ausgebeutet, wurde er von den Cineasten der frühen 60er als mitfühlende und sozialistische Vision der von der Gesellschaft Verfemten willkommen geheißen und in den 70ern von den fanatischen Anhängern der Midnight Movies als unheimlich-bizarre Kult-Ikone ersten Ranges gewürdigt. Der Zirkuswagen aber rollte ungerührt weiter. Der »verrückte Alptraum« fuhr fort, das Dunkel zu erleuchten.

Heute, in den 90ern, wird der Film wieder einmal von einigen durch das Prisma der politischen Korrektheit betrachtet. Ihnen erscheint das öffentliche Zurschaustellen von Freaks für Geld oder zur Unterhaltung als unverzeihlich, unsensibel und erschreckend archaisch. Kein Studio würde heutzutage auch nur daran denken, einen solchen Film zu produzieren.

In Folge einer humaneren Einstellung den »Behinderten« gegenüber waren Freak-Shows bereits in den 30ern außer Mode gekommen, – allerdings mit der Folge, daß vielen Freaks dadurch die Möglichkeit genommen wurde, sich selbst ihren Lebensunterhalt zu verdienen. Aus Liliputanern wurden erst »Behinderte«, dann »vertikal Benachteiligte«. Die schockierende Wirkung des Films verstärkte sich durch diesen Umgang mit den Behinderten eher noch, da das heutige Publikum nun überhaupt nicht mehr mit dem Milieu der Freak-Show, dieser für die Karnevalskultur der 30er Jahre dieses Jahrhunderts noch wichtigen Komponente, vertraut war.

Erst in den frühen 60ern, als Hershell Lewis und David Friedman das Publikum der amerikanischen Autokinos mit dem kruden »Gore«-Film bekanntmachten, kamen »Schockeffekte« dieser Art wieder zum Einsatz. »Ghoulies« wie *Blood Feast* (1963) wateten in übertriebener Grausamkeit, aus nächster Nähe war zu sehen, wie Körper niedergeknüppelt, abgehäutet und durchbohrt wurden.

In den 70ern begann Hollywood, mit seinen konkurrenzlosen Produktionsmöglichkeiten dann eine neue Art von Horrorfilm herzustellen. Riesige Summen wurden ausgegeben, um phantastische Spezialeffekte auf Latexbasis zu schaffen, und ein neues, gefeiertes Sub-Genre des Horrorfilms wurde geboren, das seinerseits Zeitschriften wie *Fangoria*, berühmte Fachleute für Spezialeffekte wie Tom Savini und eine Reihe hochtechnisierter Labors für Spezialeffekte hervorbrachte.

In Filmen wie denen der *Alien*- und *Hellraiser*-Serien werden abnorme, mutierte Körper zelebriert, und jeder neue Film übertrifft seine Vorgänger an spektakulär explodierenden Körperteilen und Unmengen von blutigem, in leuchtenden Farben gemaltem Erbrochenem. Groteske, mit muskelbepackten Gliedern versehene Monster werden zum Leben erweckt und losgelassen, um irgendwo im Weltraum oder in surrealen Zwischenreichen des Geistes herumzustreifen.

So mag es denn als ein kleines Wunder gelten, daß *ein* Film, ein kleiner »Sideshow«-Film aus den Anfangstagen des Tonfilms, immer noch alles, was Hollywood an mit Spezialeffekten gespickten Multimillionen-Dollar-Produktionen zu bieten hat, immer wieder in den Schatten stellt. Und das vielleicht nur, weil *Freaks* uns fragile, unbeholfene und verletzliche Menschen zeigt, Menschen, die von sich aus so sind, wie Monster sein müssen, um uns zu erschrecken und uns anzurühren: Menschlich.

KING of the FREAKS

THE JOHNNY ECK STORY

ANACONDA PRESS

JOHNNY ECK

BLICK ZURÜCK

1980 gründeten zwei Freunde von Johnny Eck, Mark Feldman und Tom Fielding, den Verlag Anaconda Press, in dem sie ein Buch über Johnnys Leben veröffentlichen wollten, das auf seinen eigenen Aussagen basieren sollte. Als Feldman 1984 starb, wurde das Projekt (für immer?) auf Eis gelegt. Was blieb, war ein 90minütiges Telefoninterview, eine von Robert Crumb angefertigte Zeichnung für den Umschlag des Buchs und eine von Johnny Eck auf vier Schreibmaschinenseiten abgefaßte, autobiographische Einleitung:

In einer heißen Sommernacht, es ist schon ein paar Jahre her, ein schweres Gewitter ging gerade nieder, ereignete sich im Schlafzimmer des ersten Stocks eines Reihenhauses aus rotem Backstein etwas, das die Nachbarschaft schockieren sollte.

Es war zehn Uhr: das erste Baby kam normal zur Welt und wog sechs Pfund. Zwanzig Minuten später wurde in diesem düsteren Raum, den nur die Blitze und ein Gaslicht mit offener Flamme erhellten, ein zweites Baby geboren; mehr als die Hälfte von ihm schien zu fehlen. Dieses Baby, dem unter dem Brustkasten fast alles fehlte (ein Monster?), wog zwei Pfund.

Es war die Zeit, als Kinder zu Hause geboren wurden, Hebammen die Geburt begleiteten und die Nachbarn mithalfen, und so geschah es, daß eine Reihe von Leuten anwesend waren, die das Kind als erste zu Gesicht bekamen. Ungeduldige Hände streckten sich aus und hoben das normale Baby hoch; niemand aber wollte das »Monster« anfassen oder wagte es auch nur, sich ihm zu nähern, wie es da auf dem Bett lag. Und dann beugte sich eine ältere, fromme und kluge Frau vor und sagte: »Mein Gott, mein Gott, das ist eine zerbrochene Puppe!« Und das

schien ich denn auch wohl irgendwie zu sein! Ich war weniger als 25 cm lang. Als meine Amme sich bückte, um mich hochzuheben und mich zur Gasflamme drehte, berührte ich versehentlich eine der Nachbarinnen. Sie stieß einen Schrei aus und fiel ohnmächtig zu Boden.

Es war so, als habe Gott selbst diese Familie für mich ausgesucht. Es gab fürsorgliche Eltern und eine stets liebevolle Kinderschwester, die auch die erste Lehrerin der Zwillinge war. Sie hieß Caroline.

Wir lernten beide lesen und schreiben, als wir noch nicht ganz vier Jahre alt waren. Mit fünf verfaßte und erhielt ich bereits Briefe! Das Verdienst dafür gebührt allein unserer Schwester. Eines Tages kam sie mit einem großen Paket ins Haus. »Kommt, Jungs! Ich zeige euch, wie man Postamt spielt!« Und sie öffnete die Kiste und setzte ein kleines Gebäude zusammen, komplett mit einem Kundenschalter, einem Packen weißer Umschläge und Bögen mit winzigen roten, grünen und blauen Briefmarken. Wir konnten uns schreiben und uns gegenseitig unsere Briefe schicken.

Bevor es das Radio gab, hatten wir zu Hause, wenn überhaupt, nur sehr wenig Unterhaltung. Natürlich konnte man, sofern man wohlhabend war, ein aufziehbares Grammophon oder ein mechanisches Klavier haben, das mit den Füßen angetrieben wurde. Wir hatten keins von beiden. Aber ich wurde bald ein richtiger Entertainer. Meine Mutter versprach mich bei unserer Geburt Gott, sollte ich irgendwie lebensfähig sein. Und so wurde ich gerufen, um zu »predigen«, wenn Freunde zu Besuch kamen. Ich kletterte dann auf eine kleine Kiste und predigte gegen das Biertrinken und verdammte die Sünde und den Teufel. Unsere Gäste liebten das. Dann beschloß ich eines Abends, nach meiner »Predigt« (meine Mutter wollte, daß ich Priester werden sollte) eine Kollekte zu veranstalten. Ich ließ eine Untertasse herumgehen und sammelte 65 Cents ein. Meine

Mutter war furchtbar verlegen. Und das war das Ende meiner Zeit als Priester.

Mit sieben Jahren gingen wir auf eine öffentliche Schule. Das brachte Probleme. Große Jungen prügelten sich um die »Ehre« oder das »Privileg«, mich in meinem Kinderwagen die steinernen Stufen hinaufzuheben. Die Glasfenster im Klassenzimmer mußten abgedeckt werden. Und Robert und ich wurden immer zehn Minuten früher rausgelassen, um von den Neugierigen nicht zerdrückt zu werden.

An einem kalten Tag im Dezember 1923 wurden Robert und ich zu einer großen Zauberveranstaltung eingeladen, die im Vortragssaal einer Kirche stattfand. Immer wenn die Kirche erwähnt wurde, war unsere liebe Mutter voller Freude. An diesem schicksalhaften Tag kam sie mit uns. Ich muß hinzufügen, daß das Publikum aus armen und ebenfalls verkrüppelten Kindern bestand, und natürlich gehörte ich genau dorthin. Wir waren sehr arm und selbstverständlich ärmlich, jedoch sauber gekleidet. Obwohl es Winter war, trug mein Bruder Robert notdürftig geflickte Unterhosen, lange schwarze Strümpfe mit Löchern in den Knien und billige Tennisschuhe. Ich hatte einen winzigen blaßblauen Pullover an, der keine Ellbogen mehr hatte und der anfing, sich unten aufzutrennen. Unsere Mutter warnte uns mit Nachdruck: »Haltet euch versteckt und laßt euch von den Leuten nicht sehen!« Sie sagte auch, sie werde auf jede unserer Bewegungen achten.

Den ersten Schreck bekam sie, als der Große Zauberer einen Freiwilligen bat, auf die Bühne zu kommen. Es gab ein großes Scharren von Füßen und ein Geklapper von Krücken, Stöcken und Stützbändern im Publikum. Keiner aber konnte seinen Sitz verlassen oder auch nur versuchen, die Stufen zur Bühne hochzuklettern. Eine tapfere Seele aber tat es doch: mein Zwillingsbruder Bob. Ich glaubte, eine Dampfpfeife zerplatzen zu hören. Und es war Dampf. Es war unsere Mutter. Da stand Bob unter

einem Scheinwerfer auf der Bühne und sah aus wie eine Vogel-
scheuche direkt aus einem Maisfeld.

Die Vorstellung geht ganz ruhig weiter, bis der Zauberer ein
großes Blatt Papier zerreißt und es zu einer »Spitzentischdecke«
wird. Als der Zauberer alle einlädt, auf die Bühne zu kommen
und sie sich zu holen, gibt es wieder ein Scharren von Füßen
und ein Geklapper von Krücken und Stöcken. Und plötzlich
schießt eine einzelne Gestalt pfeilschnell aus dem Publikum hervor, saust die Bühne hoch, steht auf einer Hand und streckt die
andere nach oben, um dankbar den Preis in Empfang zu nehmen! Als die Gestalt sich setzte, um das Tischtuch zusammen-
zurollen, schien sie direkt durch den Boden der Bühne zu gehen.
Dann nahm sie das Papier zwischen die Zähne und kehrte zu
ihrem Platz zurück. Das Publikum war aus dem Häuschen; sie
applaudierten, sie schrien; hatten sie nicht gerade eine zusätzliche Attraktion gesehen – ein Monster? Unsere arme Mutter
wurde ohnmächtig.

Der Zauberer war mittlerweile so entnervt, daß er eilig die Vorstellung zu Ende brachte und dann, als er von meinem Bruder
erfahren hatte, wer ich war, sofort nach meiner Mutter schickte
und sie bat, hinter die Bühne zu kommen. Alles, was er tun
konnte, war, mich anzusehen und volle fünf Minuten lang –
nach Luft zu schnappen. Dann begann er, uns um den Bart zu
gehen; ich sei ein Gottesgeschenk für unsere Familie. Er würde
mich auf die Bühne bringen! Später sollte sich herausstellen,
daß diese Bühne ein fünfzehn Zentimeter hoher, mit einem
alten, grünen, abgetragenen Teppichstück bedeckter Heuhaufen
war und ich in einem verlumpten Karnevalsunternehmen auftreten mußte. Ich würde eine sehr hohe Gage bekommen.
Meine Eltern unterschrieben einen Vertrag für ein Jahr, und der
Geschäftspartner des Zauberers machte daraus zehn Jahre,
indem er einfach eine Null an die Eins und ein »e« an »Jahr«
anhängte. Ich saß in der Falle. Man drohte uns mit Prozessen.
Ich mußte den Vertrag erfüllen. Oder jedenfalls ließ man mich

das glauben. Na, ich glaubte es trotzdem nicht. Mein neuer Manager (der Zauberer) kassierte auf Volksfesten ein-, zweihundert Dollar pro Tag, und ich bekam zwanzig Dollar die Woche. Das machte mich furchtbar traurig; nicht nur wegen der Lügen, die mir dieser Manager aufband, sondern wegen des mitleidigen Lohns, den ich jede Woche bekam (wenn wir arbeiteten), und er bezahlte mich immer in Ein-Dollar-Scheinen. Das war 1924.

Gegen Ende des ersten Jahres meines Zehn-Jahres-Vertrags, den meine Eltern unterschrieben hatten, erklärte ich, daß ich krank sei und nicht neun weitere Jahre für zwanzig Dollar die Woche arbeiten würde. Meine Eltern waren niedergeschmettert und hatten Angst. Und zu Recht, denn in den nächsten Wochen bekamen sie Drohbriefe, daß man vorhätte, uns zu verklagen, und wir dann unser kleines Reihenhaus aus rotem Backstein verlieren würden. Aber ich blieb standhaft: ich hätte ja vor, wieder zurück zur Arbeit zu kommen – allerdings nur, wenn ich wieder bei bester Gesundheit wäre. Ich brauchte ein Jahr, um mich zu »erholen«. Ich war noch ein Kind, und mein Ex-Manager übernahm den Wahlspruch des russischen Führers: »Die Zeit ist auf unserer Seite ... « Ich wollte die Zeit »auf meine Seite« bringen. Robert und ich sind jetzt vierzehn Jahre alt, und da wir den Nektar des Reisens von einer Stadt zur anderen und den zahlloser Abenteuer gekostet hatten, wußten wir beide, daß unser Leben nie mehr wie früher sein würde. Wir kauften eine Show Business-Zeitschrift namens *The Billboard* und lasen nach, wer wo unterwegs war. Schon ging ein Brief raus mit einer Liste von allem, was wir brauchten, um unsere eigene Sideshow zu machen. Drei Tage später bekommen wir ein Telegramm: Johnny und Bob Eck, Baltimore, Maryland. »Treffen Plainfield New Jersey nächste Woche.« Gezeichnet »Captain John M. Sheesley.«

Da mittlerweile von meinem Manager keine Drohbriefe mehr gekommen waren, gaben uns unsere Eltern ihren Segen und

ließen uns fahren. Captain Sheesley hatte ein paar seiner Leute
mit einem großen Lastwagen zum Bahnhof geschickt, um uns
abzuholen und zum Standort der Show zu bringen. Dort fanden
wir ein brandneues Zelt und einen leeren Vier Tonnen Zirkus-
Wagen, mit Gold geschmückt und zinnoberrot bemalt mit den
größten artillerieartigen Rädern, die ich je gesehen habe.
Manchmal brauchten wir doppelte Gespanne von schweren
Zugpferden, um ihn von der Stelle zu kriegen.

Es war eine Show für die ganze Familie, betrieben von einer
Familie betrieben. Captain John Sheesley ließ sich keine Trun-
kenheit oder sonst irgend eine Dummheit gefallen. Er erlaubte
kein Fluchen während der Vorstellung. Es gab eine Reihe von
Kindern, und als wir in Plainfield auftauchten, packte Captain
Sheesley ausgerechnet Bob und mich, gab uns einen Klaps auf
den Kopf, blickte in die versammelte Menge und sagte: »Das
sind meine Jungs! Paßt gut auf sie auf!« Später machte es uns
unsere Sideshow möglich, unsere Eltern kommen zu lassen, die
dann bei uns blieben. Für meinen Vater war es die erste echte
Zugfahrt.

Als nächstes kam die Depression, und wir hatten kein Geld, nichts. Wir waren kurz davor, wegen nicht bezahlter Steuern unser kleines rotes Backsteinhaus zu verlieren. Doch dann bekam ich einen Eilbrief. Bitte ruf mich an, stand darin. Vergessen wir, was gewesen ist. Unterschrieben von meinem Ex-Manager ... Ich rief ihn an, und er sagte, er leite einen kleinen Vergnügungspark in der Nähe von Hagerstown, Maryland. Und er würde mich gern einladen. Ich hatte nichts zu verlieren und nahm seine Einladung an. Ich fühlte mich wie ein König. Ich werde nie vergessen, wie nett er zu mir war in diesen Wochen, die ich in einem Blockhaus verbrachte, an dem ein breiter klarer Fluß vorbeirauschte. Es war das Paradies für mich. Und ich aß jeden Tag mit ihm zu Abend, und oh, wie er kochen konnte! Ich hätte auf der Hut sein sollen, denn all das war einfach zu schön, um wahr zu sein. Das sollte ich denn auch bald genug herausfinden.

Es war jetzt Spätsommer, und ich bekam wieder einen Brief von meinem Ex-Manager. Ich will, daß du in zwei Wochen reisefertig bist, schrieb er; ich habe dich für die große Kanada-Ausstellung gebucht! Wieder war ich in Hochstimmung! Ein schlechtes Zeichen. Bruder Bob und ich fahren nach Kanada, und ich galt als eine solche Attraktion, daß ich mit Bob allein in unserem großen Zelt arbeiten durfte. Ich war echt glücklich. Bei einer dieser Vorstellung saßen dann ausgerechnet auch noch zwei Talentsucher der Metro-Goldwyn-Mayer Studios in Kalifornien im Publikum. »Wären Sie bereit, Probeaufnahmen zu machen?« Ich wäre durch einen brennenden Reifen gesprungen, wenn sie es verlangt hätten. Bob und ich machten die Probeaufnahmen draußen hinter unserem Zelt, zusammen mit einer Riesenratte, die 45 Pfund wog.

Meine Zeit war endlich gekommen! Jedenfalls dachte ich das.

Etwa vier Wochen später war ich mit meinem Ex-Manager in Culver City, Kalifornien. Er hatte einen Vertrag unterschrieben, ohne daß ich davon wußte; ich nahm an, daß wir noch immer durch die Übereinkunft von der Kanada-Ausstellung gebunden waren, die gar nicht schlecht war: eine Fifty-Fifty-Partnerschaft. Mein Ex-Agent hatte mich in Kanada belogen und mir erzählt, die Talentsucher von MGM seien gar keine Talentsucher, sondern Agenten der Downey Brothers, einem großen Zirkus in Kalifornien. Ich glaubte ihm, bis ich auf das Studiogelände kam – es war das Gelände der Metro-Goldwyn-Mayer Studios! Unsere Probeaufnahmen hatten also Erfolg gehabt. Ein paar Wochen später laufen schon die Dreharbeiten zu Tod Brownings unsterblichem und berühmtem Filmklassiker *Freaks*. Auf mich aber wartete eine schmerzliche Überraschung.

Es ist eine bekannte Tatsache, daß Agenten oder Manager Anspruch auf einen bestimmten Prozentsatz der Gage des Stars oder der Attraktion haben. Das variiert von zehn Prozent aufwärts, aber es sind nie mehr als fünfzig Prozent. Es wäre untertrieben, wenn ich sagte, daß ich sehr verletzt war, oder tief schockiert, als ich herausfand, daß ich weniger als zehn Prozent meiner tatsächlichen Gage bekommen sollte. Mein »Manager« bekam den Rest. Jetzt verachtete ich den Mann. Ich beschloß, es mir nicht anmerken zu lassen, daß ich sein betrügerisches Verhalten herausgefunden hatte. Irgendwann und irgendwie würde ich mich schon noch einmal rächen können. Dennoch schmerzte es mich mehr als ihn.

Nachdem ich nach Baltimore zurückgekehrt war, begann ich, Briefe von der Kamera-Crew und von einigen der Stars zu bekommen, die mit mir in *Freaks* gearbeitet hatten. Einem der Briefe lag ein Zeitungsausschnitt über den Regisseur Tod Browning und über eine andere Horrorgeschichte bei, die er verfilmen wollte. Ironischerweise hatten die Universal Studios in Kalifornien ähnliche Pläne. Sie produzierten den klassischen *Frankenstein*-Film. Auch Browning plante und schrieb eine Geschichte über Experimente mit menschlichen Körpern, aus denen dann Monster und Kriminelle wurden. Bruder Bob und

ich würden die Hauptrollen spielen. Ich verlor vor Schreck das Bewußtsein.

Dann begannen die Briefe einzutreffen; nicht von den MGM Studios, sondern von meinem Ex-Manager! Er war direkt vom Studio kontaktiert worden! Nachdem er bereits einmal auf meine Kosten abkassiert hatte – hatte er sicher vor, es wieder zu tun.

Unglücklicherweise hatten wir in unserem Haus kein Telefon, und ich konnte nur Briefe schreiben. Ich wußte, daß dies den MGM Studios gleichgültig war und daß sie bereits telefonisch in Kontakt mit meinem Ex-Manager standen. Ich wußte auch, daß MGM lieber Geschäfte mit einem Agenten machte als mit mir. Jetzt konnte ich Rache nehmen!

Es dauerte eine Woche, um ruhig, kühl und »versöhnlich« zu werden. Dann beschloß ich, zwei Briefe zu schreiben, einen an MGM in Kalifornien, in dem ich darlegte, daß ich bei niemandem unter Vertrag stand; daß ich mein eigener Agent sei. Ich bekam nie eine Antwort. Den zweiten Brief schickte ich an meinen Ex-Manager, hier in Baltimore. »Lieber Mr. XY«, schrieb ich, »Nach meinen letzten unglücklichen geschäftlichen Abenteuern mit Ihnen, als ich in Kalifornien den Film mit dem Titel *Freaks* machte, habe ich nicht vor, mich noch einmal von Ihnen übervorteilen zu lassen. Ich bin jedoch bereit, einen rechtsgültigen Vertrag über einen Zeitraum von nicht mehr als sechs Monaten bei einer Gage von 600 Dollar pro Woche mit Ihnen zu unterzeichnen. Ein durchschnittlicher Film kann heutzutage in zwölf Wochen abgedreht werden, und ich hätte gern, daß Sie 7 200 Dollar für mich und Robert auf einem Treuhandkonto hinterlegen als Garantie, daß ich nicht nur das mir von Rechts wegen zustehende Geld bekomme, sondern so auch das noch erhalte, was Sie mir durch ihr betrügerisches Verhalten beim letzten Mal vorenthielten, als wir zusammen in Kalifornien waren.«

Ich hätte mir gewünscht, an dem Tag in seinem Büro sein zu können, als mein Brief ankam. Ich habe gehört, er hätte einen Wutanfall bekommen und sein Büro zertrümmert. Kein Wunder: ich erfuhr später, daß McCauley ohne mein Wissen in dauerndem Kontakt mit MGM gewesen war; es wurde bestätigt, daß ich (Robert und ich) 600 Dollar die Woche plus sämtliche Spesen bekommen sollten; plus die Reise im Salonwagen von Baltimore nach Los Angeles und zurück! Ich fand auch heraus, daß er schon eine Gruppe von Leuten für die Reise vorgesehen hatte; seine kranke Frau, seine Freundin, zwei Diener (für ihn selbst), den Bruder seiner Freundin. Ganz unten auf der Liste kamen Johnny und Bob – die Stars. Und oh, wie gern hätte ich es gesehen, daß meine arme Mutter mit auf die Reise gegangen wäre. Es sollte nicht sein. Ich zerstörte nicht nur seine Chancen, jemals zurück nach Kalifornien zu gehen – ich zerstörte auch die meinen.

Die Zeit heilt alle Wunden, aber viele Nächte weinte ich, lag wach und dachte daran, wie wunderbar und aufregend es ist, vor Kameras und in all den verschiedenen, riesigen Studios zu arbeiten. Ich hatte die Mitglieder der Film-Crew kennengelernt; ich war von ihnen akzeptiert worden – nicht als Freak und Monster, sondern als einer von ihnen – keinen halben Meter groß, aber ein Miniatur-Superman! Und das Beste von allem, ich war etwas Besonderes für den Regisseur Tod Browning und seinen Regieassistenten Errol Taggart. Viele Male war ich neben diesen großen Männern auf einem Kamerawagen gefahren, während sie eine Szene drehten. Jetzt aber war alles vorbei.

Es ist April, und alles sieht sehr düster aus. Die Depression dauert an; keiner bei uns zuhause hat Arbeit; da bekommen wir zwei Briefe mit der Morgenpost. Zuerst öffnete ich den Brief mit der schlechten Nachricht; unser kleines rotes Backsteinhaus soll verkauft werden, denn wir hätten die Steuern nicht bezahlt. Meine arme liebe Mutter las von der drohenden Zwangsräumung und fing an zu weinen. Da verschwamm alles vor meinen Augen, und ich sagte: »Oh nein, bitte Gott, laß uns nicht unser Haus verlieren!« Ich wischte mir die Tränen ab und öffnete den zweiten Brief – und konnte nicht glauben, was ich las! Es mußte ein Traum sein! Doch es war Realität. Bald würde ich zu keinem Geringeren als Robert L. Ripley fahren, den seine »Believe It Or Not Show« berühmt gemacht hatte – und in Chicago, Cleveland und Dallas auftreten.

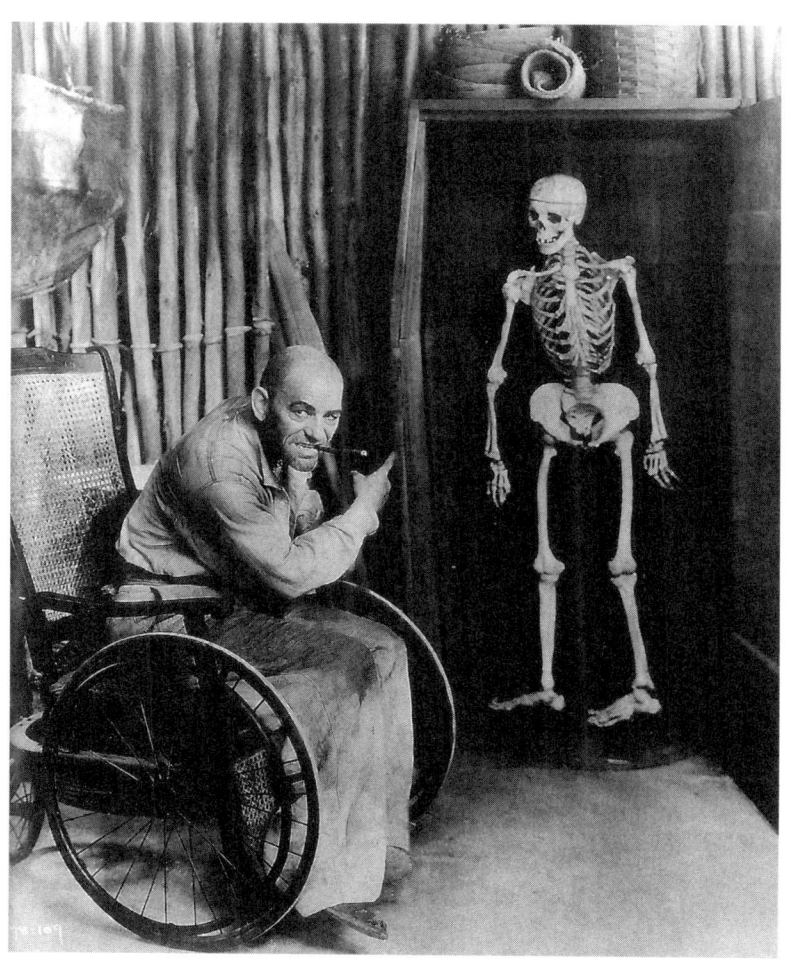

Hans Schmid

Children of the Night:
Das Kino des Tod Browning

Frankie had wandered around the tent and looked
at every booth. She was afraid of all the Freaks,
for it seemed to her that they had looked at her
in a secret way and tried to connect
their eyes with hers, as though to say:
we know you.

Carson McCullers, *The Member of the Wedding*

Sehr nett soll er nicht gewesen sein, dieser Tod Browning. »Als Regisseur«, sagt einer, der seinen Namen nicht nennen will, in der Biographie von Skal und Savada (7), »war er schrecklich ... als Mensch war er ein Nichts.« Aber der da spricht, saß früher in der Chefetage von MGM, wo man Befehlsempfänger als Regisseure bevorzugte, und deshalb ist sein Verdikt fast als Kompliment zu werten.

Hin und wieder ist auch zu lesen, Browning sei mit Freaks gut ausgekommen, und das klingt dann wie ein Vorwurf. Irgendwie war er also wohl ein Außenseiter, und mit seiner Vorliebe für Obsessionen aller Art, für körperlich und sozial Deformierte und für bizarre Normabweichungen muß er besonders den Kollegen bei MGM, wo man größten Wert auf keimfreie Hochglanzprodukte legte, als degoutant erschienen sein. Trotzdem hat er gerade dort seine besten Filme gedreht. Am Ende allerdings, nach dem Skandal um *Freaks*, mußte er feststellen, daß man sich auch an einer polierten Oberfläche zerreiben kann.

Sehr nett jedenfalls geht die Industrie nicht um mit Angestellten, die einmal viel Geld eingebracht haben und schließlich die alten Erfolge nicht mehr wiederholen können. Plötzlich sind dann auch die Filme, die man früher geschätzt hat, weil sie das Publikum in Scharen in die Kinos gelockt haben, irgendwie peinlich, und man läßt sie in den Archiven verrotten. Früher, als es noch kein Fernsehen gab, war das schlimmer als heute, denn mit einer baldigen Neuauswertung der alten Filme war nicht zu rechnen, und so hielt man wenigstens die Lagerkosten möglichst niedrig oder zerstörte, was man als Rohstoff verkaufen oder wiederverwerten konnte.

Viele von Brownings Werken sind wohl für immer verloren, andere waren lange Zeit verschollen, wurden erst in den letzten Jahrzehnten wiedergefunden und teilweise restauriert. So blieb von den Arbeiten des Mannes, der in den 20er Jahren einmal als einer der größten Stilisten Hollywoods galt, lange Zeit nicht viel mehr als die gelegentliche Fernsehausstrahlung von *Dracula* und die schwache Erinnerung an einen Eklat.

Was Browning selbst zu all dem zu sagen hatte, weiß man nicht. Es gibt kaum Interviews, einige in den 20er Jahren unter seinem Namen erschienene Artikel wurden von anonymen Lohnschreibern der Studios verfaßt, und nach dem Ende seiner Karriere wäre er nicht mehr zu sprechen gewesen, selbst wenn jemand das gewollt hätte. »When I quit, I quit«, soll er gesagt haben, und für Hollywood war er so tot, daß das Branchenblatt *Variety* schon 1944 einen Nachruf auf ihn veröffentlichte, obwohl er danach noch 18 Jahre in seinem Haus in Malibu lebte und sich nachts im Spätprogramm alte Filme im Fernsehen ansah.

Immerhin, gesichert scheint zu sein, daß er am 12. Juli 1880 als Charles Albert Browning in Louisville, Kentucky geboren wurde. Auch wenn die meisten Lexika ihn zwei Jahre jünger machen und er selbst einem Freund erzählt hat, in Wirklichkeit sei er sechs Jahre älter.

Viel war nicht los in Louisville, aber einmal im Jahr gab es das berühmte Derby. Es zog die Schausteller an, und die Schausteller zogen den jungen Charles an. 1898 brannte er schließlich mit dem Zirkus durch; eine Tänzerin gab den entscheidenden

Anstoß. In den nächsten Jahren trat er mit unterschiedlichsten Darbietungen auf Jahrmärkten auf und lernte die schäbige Seite des Showbusiness kennen. Vielleicht ist das der Grund dafür, weshalb er sich später von Hollywood nie blenden ließ.

Mittlerweile nannte er sich »Tod«, bereiste auf einem Fluß-dampfer den Ohio und den Mississippi und faszinierte überall, wo der Dampfer Halt machte, die Ortsansässigen – passend zur Namensänderung – als »Lebender Leichnam«. Angeblich hyp-notisiert und in einer Art Leichenstarre, wurde er in einer Kiste verscharrt, blieb mehrere Tage unter der Erde und konnte gegen Gebühr durch einen Holzschaft beobachtet werden. Seine Lauf-bahn begann er also als Verwandter von Dr. Caligaris Somnam-bulen, und Kisten aller Art sollten später in seinen Filmen eine wichtige Rolle spielen.

D.W. Griffith, ebenfalls aus Kentucky stammend, holte Brow-ning 1913 nach New York, wo er in *Scenting a Terrible Crime* sein Leinwanddebüt gab: als Totengräber. Ein Jahr später gin-gen beide nach Hollywood, Browning spielte in etwa 50 *one-reelers* und wurde 1915 Regisseur bei Reliance-Majestic. Noch waren die Zeiten günstig für ein anarchisches Genie wie Tod Browning. Wenige große Studios waren gerade erst dabei, den Markt unter sich aufzuteilen und kleinere Firmen zu verdrän-gen. Relativ geringe Produktionskosten ermunterten zu Experi-ment und Vielfalt. Brownings erste Arbeiten als Regisseur han-delten von Juwelendieben (*The Lucky Transfer*, 1915), ver-schleppten Mädchen (*The Slave Girl*, 1915), der komplexen Beziehung zwischen Realität und Fiktion (*The Story of a Story*, 1915), und nie geht es ohne sexuelle Verwirrung ab.

Die Kritiker lobten seinen Einfallsreichtum und tadelten den Mangel an Moral. Privat hatte er Alkoholprobleme, war begei-sterter Autofahrer und fand immer ein Hindernis, gegen das er seinen Wagen lenken konnte. Als er mit einem Güterwaggon zusammenstieß, kostete das seinem Beifahrer das Leben: Elmer Booth, der filmhistorisch deshalb bedeutsam ist, weil er in Grif-fiths *The Musketeers of Pig Alley* (1912) den (soweit bekannt) ersten auch als solchen bezeichneten Gangster spielte. Brow-

ning selbst trat in Griffiths *Intolerance* als der Mann auf, der
sein Auto zur Verfügung stellt, damit die Hinrichtung eines
Unschuldigen verhindert werden kann.

Gerichtlich belangt wurde er wegen seines Unfalls nicht, aber
von den Verletzungen erholte er sich nur langsam. Zu jener Zeit
verfaßte er Drehbücher. Geschrieben hat er vor allem Komödien. Nach dem erhaltenen *The Mystery of the Leaping Fish*
(1916) zu urteilen, müssen sie sogar für die überdrehten 10er
Jahre besonders gewagt gewesen sein. Douglas Fairbanks spielt
in dieser Kokain-Komödie und Sherlock Holmes-Parodie den
Meisterdetektiv Coke Ennyday, der nur mittels regelmäßiger
Injektionen die totale Erschlaffung verhindern kann, während
Bessie Love den Herren am Strand ihre Fische aufbläst –
gemeint sind aufblasbare Gummitiere, in denen eine Gangster-
bande Opium schmuggelt.

Leaping Fish ist ein Film, der alles wörtlich nimmt: weil die
Schmuggler schmutziges Geld verdienen, schlagen sie ihr Haupt-
quartier in einer Wäscherei auf, und wer nach Koks- oder
Opiumgenuß high ist, springt – Zimmerdecke oder nicht – schwe-
relos in die Luft und kommt vielleicht nie wieder zurück in die
Kadrierung. Am Ende erscheint Fairbanks mit der eben gesehe-
nen Geschichte beim Chef der Drehbuchabteilung und holt sich
eine prophetische Abfuhr: so etwas sei nicht zu verfilmen.

Derlei mußte Browning später wirklich erleben. Einstweilen
aber heiratete er die Schauspielerin Alice Wilson (eine erste Ehe
in Louisville war schnell gescheitert), und 1918 ging er als
Regisseur zu Carl Laemmles Universal, wo das damals 21jähri-
ge Wunderkind Irving Thalberg für das Tagesgeschäft verantwortlich war. In den nächsten Jahren inszenierte Browning eine
Reihe von Komödien, dann Gangster-, Abenteuer- und Horrorfilme.

Bei Universal war er bald eine feste Größe. Er war bekannt
dafür, finanziell erfolgreiche Filme früher als geplant und unter
Budget herzustellen, und man vertraute ihm deshalb einige der
teuersten Produktionen an. Wer rechnen konnte bei Universal,
muß ihn geliebt haben, zumal seine Filme noch nicht die bizar-

ren Geschichten erzählten, die wir heute mit Browning assoziieren. *Outside the Law* (1921) scheint typisch für jene Jahre zu sein, und er spielt bereits das Rachethema durch, ohne das später kaum ein Werk des Regisseurs auskommt.

Aus einer Mischung von Animosität und Geschäftssinn (ein charakteristisches Merkmal von Brownings Schurken) denunziert Gangsterboß Black Mike den Spielhöllenbesitzer Madden wegen eines Mordes, den dieser nicht begangen hat. Später überredet er Maddens Tochter Molly zu einem Juwelendiebstahl, um auch sie der Polizei ausliefern zu können. Molly entkommt mit den Juwelen, versteckt sich mehrere Monate lang in einer engen Wohnung, bis Gras über die Sache gewachsen ist, und sinnt auf Rache. Rache will auch Madden, der mittlerweile wieder frei ist. Inzwischen ist Black Mike in die Wohnung eingedrungen, alle beäugen sich argwöhnisch. Die Spannung entlädt sich schließlich im China-Laden des Philosophen Chang Low, wo ein wilder Kampf stattfindet und Black Mike erschossen wird. Unter dem Einfluß von Chang Low wollen Madden und Tochter sich bessern, die Polizei ist nachsichtig. Einen weisen Ratgeber wie Chang Low, der über den Dingen steht und sie deshalb zu einem guten Ende führen kann, wird es fortan bei Browning aber nicht mehr geben. Die Geschichten werden immer düsterer, denn jeder ist kompromittierbar, und Schuld läßt sich nun einmal nicht so eindeutig zuteilen, wie es in Hollywood üblich ist.

Brownings Filme trugen mittlerweile den Schriftzug »A Tod Browning Production« auf der Titelkarte, und er war gewöhnt, größtmögliche Kontrolle auszuüben. So hatte er – für Hollywood nicht gerade typisch – ein Mitspracherecht bei der Auswahl der Stoffe, die oft genug von ihm selbst stammten. Kein Drehbuch entstand ohne seine Mitwirkung, was einerseits seinen Filmen die persönliche Handschrift verlieh, gleichzeitig aber auch Schwächen deutlicher hervortreten ließ. Browning war ein Meister im Detail und seiner Variationen, nicht aber im Entwickeln neuer Formeln.

Wer *Outside the Law* gesehen hatte, erkannte bei *White Tiger* (1923) nicht nur die Hauptdarstellerin (Priscilla Dean) wieder. Diesmal verrät Bill Hawkes den Vater von Sylvia (Dean) und Roy Donovan an die Polizei, der wird erschossen. Die Kinder werden getrennt und halten einander für tot; Sylvia wächst bei Hawkes auf. 15 Jahre später treffen sich die drei wieder und gehen gemeinsam nach New York, um dort die Juwelen der Millionäre zu rauben. Der Fischzug gelingt, aber die Polizei ist den Dieben auf den Versen. Sie verstecken sich in einer Hütte in den Bergen, wohin ihnen auch der ritterliche, in Sylvia verliebte Dick Longworth folgt. In der Enge der Hütte nehmen die Spannungen langsam zu, bis sie sich in einem Kampf, einem Gewitter und dem Tod von Hawkes entladen. Roy und Sylvia wollen ehrlich werden, und Longworth, der sich als Detektiv zu erkennen gibt, besänftigt die Polizei: es sei alles nur ein Experiment gewesen.

Das war es wohl auch für Browning. Mit *White Tiger* hatte er endgültig die Elemente seines Baukastens zusammen, aus denen er fortan Film um Film zusammensetzte und die er bei jedem Versuch neu ordnete: gesellschaftliche und familiäre Mesalliancen (die Diebin Sylvia liebt den Polizisten und Millionär Longworth; Roy und Sylvia fühlen sich zueinander hingezogen und erfahren erst spät, daß sie Bruder und Schwester sind), sexuelle Frustration (Roy ist voller Eifersucht auf Longworth), Rache (Roy und Sylvia wollen den Mörder ihres Vaters töten), fließende Übergänge zwischen Illusion und Realität (Hawkes gibt sich als Graf und Sylvias Vater aus; der einfältige Millionär erweist sich als Detektiv). Vor dieser Folie wirkt *Freaks* nicht mehr ganz so außergewöhnlich und einmalig, wie er uns heute erscheint. Im Gesamtwerk des Regisseurs ist der Film ein Höhepunkt; die Ausnahme ist er nicht.

Bei Universal war Brownings Stern mittlerweile im Sinken. *White Tiger* kam erst mit einjähriger Verspätung in die Kinos und war genauso ein Mißerfolg wie *Drifting* (1923), in dem Priscilla Dean eine Opiumschmugglerin spielt. Man kann das, wie

Skal und Savada, dem Hang des Regisseurs zur ständigen Wiederholung bekannter Handlungselemente und seiner Alkoholsucht zuschreiben, die offenbar seine Arbeit erstmals entscheidend beeinträchtigte.

Der Mißerfolg hatte aber auch mit Priscilla Dean zu tun. Ihr Typ der robusten, zupackenden Heldin verlor Anfang der 20er Jahre rasch an Akzeptanz. Wenige Jahre zuvor waren die Kritiker bei ihren Auftritten im hochgeschlossenen Negligé in Verzückung geraten. Jetzt warfen sie ihr Übergewicht und mangelnde Weiblichkeit vor, während sie an Anna May Wong, die in *Drifting* eine Nebenrolle spielt, das Fragile und Dekorative priesen.

Brownings Karriere hat immer wieder Rückschläge erlitten – durch ein Festhalten an dem, was aus der Mode gekommen war. Privat war er da flexibler; eine Affäre mit der minderjährigen Anna May Wong etwa war seinem ramponierten Ruf nicht eben zuträglich.

Bei Universal also war er am Ende. Und seine Frau trennte sich von ihm. Ein kurzes Gastspiel bei Goldwyn unterstrich im Grunde nur die Schaffenskrise. Schließlich gelobte er Besserung wie seine Filmhelden, versöhnte sich mit seiner Frau Alice und inszenierte einige Auftragsarbeiten für die kleinen FBO-Studios, um sich zu rehabilitieren. Das ebnete den Weg zu MGM, wo jetzt Thalberg, sein Förderer aus Universal-Tagen, das Sagen hatte. Und es ermöglichte ihm, da weiter zu machen, wo er mit *White Tiger* aufgehört hatte. Seinen alten Versatzstücken blieb Browning treu. Doch die vergangenen Mißerfolge hatten immerhin eines bewirkt: er wollte etwas Neues bieten. Tod Robbins' Roman *The Unholy Three* schien dafür die ideale Grundlage zu sein.

Der Film beginnt in einem *dime museum*. Neben einer Bauchtänzerin, die »das Thermometer des Sultans zerspringen ließ«, gibt es dort den Bauchredner Echo (Lon Chaney) mit seiner Puppe, den Hünen Hercules (Victor McLaglen) und den kleinwüchsigen Tweedledee, als der Harry Earles alle anderen an die Wand spielt und wirkt, als ahne er bereits, welche

Demütigungen in *Freaks* auf ihn warten. Jedenfalls gibt es bei Browning keine Niedlichkeit, und wer beleidigt oder ungerecht behandelt wird, schlägt zurück – egal, wie klein oder schwach er auch sein und wie unbedeutend uns der Grund erscheinen mag. Das macht nicht erst *Freaks* so schockierend, zumal niemand vor der Wut der Außenseiter sicher ist.

Am Anfang von *The Unholy Three* tritt Tweedledee einem Kind mit dem Fuß die Zähne ein, weil es über ihn lacht. Die Welt des Jahrmarkts versinkt daraufhin im Chaos. Als wir Echo, Hercules und Tweedledee wiedersehen, betreiben sie eine Tierhandlung. Echo trägt jetzt Kleid und Perücke, ist merklich gealtert und gibt sich als Großmutter der ehemaligen Taschendiebin Rosie O'Grady aus. Seiner speziellen Kunst ist es zu verdanken, daß besonders der Verkauf von Papageien floriert. Da die Vögel später nicht mehr sprechen wollen, stattet »Mrs. O'Grady« den Käufern einen Hausbesuch ab und bringt den als Säugling verkleideten Tweedledee mit, der die Lage sondiert. Nachts kommen dann alle drei zurück und stehlen die Juwelen (bei Browning werden immer Juwelen gestohlen, sie sind immer im Tresor, und der Tresor steht immer an derselben Stelle). Alles läuft perfekt, bis Rosie sich in den einfältigen Hector verliebt. »Großmutter« bleibt aus Eifersucht bei dem jungen Paar, die gewaltbereiten Hercules und Tweedledee ziehen allein los und töten in der Heiligen Nacht einen Juwelenbesitzer. Da die Polizei jetzt die Ermittlungen forciert, lenken Tweedledee und Kumpanen den Verdacht auf Hector, entführen Rosie und verstecken sich in der bekannten Berghütte. Echo bringt für alle Fälle aus der Tierhandlung einen Gorilla mit, denn bereit sein ist alles.

Wer die Geschichte bisher nicht haarsträubend fand, wird vielleicht durch den Auftritt des Gorillas seine Meinung ändern. Für Browning ist er nur ein weiterer Mosaikstein in seinem filmischen Gesamtkunstwerk. Die gängige Praxis, zwei Stunden mit anderen in einem Raum zu sitzen und gegen Gebühr eine abgeschlossene Geschichte zu sehen, ist offenbar nicht das, was Browning sich vom Kino erwartet hat. Wie die

Serials der 10er Jahre, in denen jede Woche eine neue Variation derselben Grundkonstellation vorgeführt wurde, verlangen seine Filme förmlich danach, rasch hintereinander und nicht isoliert gesehen zu werden. Es hat ihn deshalb auch nicht gestört, wenn die Bausteine eines Films vielleicht nicht völlig zueinander paßten, denn dafür konnten sie in Bezug zu denen eines anderen Films gesetzt werden, und erst dadurch erhielten sie ihre Bedeutung, die sich mit der nächsten Premiere schon wieder ändern konnte.

Man mag das als exzentrisch und weltfremd abtun. Eine gewisse Konsequenz kann man ihm allerdings nicht absprechen, und er hat länger durchgehalten als Erich von Stroheim, der mit anderen Mitteln gegen die Diktatur der zwei Stunden ankämpfte.

In *The Unholy Three* sperrt Browning den Gorilla in dasselbe Zimmer, das in *White Tiger* als Gefängnis des kultivierten Longworth diente. Das ermöglicht es nicht nur, retrospektiv einige primatenähnliche Verhaltensweisen eines Mitglieds der High Society zu identifizieren, es ändert auch die Versuchsan-

ordnung entscheidend. Der reformwillige Echo kann daher nur
überleben, weil er sich heimlich aus der spannungsgeladenen
Hütte fortstiehlt und seiner Liebe (die bei Browning immer in
animalische Begierde umzuschlagen droht) zu Rosie entsagt,
auf die mittlerweile Hercules ein Auge geworfen hat. Weil
Tweedledee sich dadurch hintergangen fühlt, läßt er aus Rach-
sucht den Affen frei und wird dafür von Hercules stranguliert,
der wiederum vom Gorilla erwürgt wird.

Angesichts dieser Strangulationsorgie muß Browning es als
besonders schmerzlich empfunden haben, daß das Studio eine
Szene entfernen ließ, in der Tweedledee ein kleines Mädchen
vor dem Weihnachtsbaum würgt, weil es ihn für ein Brüderchen
hält. (Angenommene oder tatsächliche Verwandtschaften sind
bei Browning besonders zuträglich für sexuell konotierte
Gewalt.) Der Film ist auch so befremdend genug. Der bizarrste
Eintrag in Tod Brownings Oeuvre ist er nicht.

The Unholy Three wurde ein phänomenaler Erfolg, die Kritiker waren begeistert, und die *New York Times* wählte ihn zu
einem der zehn besten Filme des Jahres 1925. Browning hatte

sein Comeback geschafft und nutzte den wiedergewonnenen Spielraum, um sich sexuell aufgeladenen Verstümmelungen zuzuwenden, wie in *The Show* (1927), wo im »Palast der Illusionen« ein in einem Spinnennetz gefangener Kopf, Seejungfrauen sowie eine Frau ohne Unterleib auftreten und als Höhepunkt Salome der frisch abgeschlagene Kopf von Johannes dem Täufer auf einem Tablett überreicht wird. Der Versuch eines gehörnten Ehemanns, aus der Fiktion Realität zu machen, schlägt fehl. Die *New York Times* bemängelte, daß wieder einmal einer von Brownings Helden ungestraft davonkommt. (Die Hauptfigur betrügt eine junge Frau um ihr Geld, ohne deswegen belangt zu werden.)

Das Mißtrauen des gesellschaftlichen Außenseiters gegenüber der Staatsgewalt bleibt relativ konstant in Brownings Filmen seit *The Mystery of the Leaping Fish*, wo das Überfallkommando im Kreisverkehr die Übersicht verliert und endlos zirkuliert. Das führt zu zwiespältigen Gemeinschaftsaktionen wie in *Freaks*, soweit die Schuldigen durch selbstzerstörerisches Verhalten ihre Bestrafung nicht in die eigenen Hände nehmen.
Keiner war dafür so prädestiniert wie der Verwandlungskünstler Lon Chaney, der ständig neue, immer schmerzhaftere Masken erfand und in eine äußerst produktiven Partnerschaft (10 Filme) etwas einbrachte, was Elliott Stein (158) »kreativen Masochismus« nennt: die Fähigkeit, durch eine Aura der Verletzlichkeit selbst dem größten Scheusal das Mitgefühl des Publikums zu sichern.
In *The Unknown* (1927) spielt er »Alonzo, das Wunder ohne Arme«. Dank der Geschicklichkeit seiner Füße tritt er als Messerwerfer im Zirkus auf. Allabendlich tastet er mit seinen Klingen den Körper der schönen Nanon (Joan Crawford) ab und zieht sie aus, indem er dabei die Nähte ihrer Kleider zertrennt. Da Nanon eine neurotische Furcht vor Männerhänden hat, hofft Alonzo auch auf eine private Verbindung. Nanons Vater, der Zirkusdirektor, peitscht ihn dafür aus und wird von Alonzo erwürgt, denn der verbirgt seine Arme nur unter einem Korsett.

Alonzo denkt nun an Heirat, Nanon werde ihm die Arme irgendwann schon verzeihen. Allerdings hat er an einer Hand zwei Daumen, und sein Gehilfe Cojo erinnert ihn daran, daß Nanon durch ein Fenster die Hände des Mörders gesehen habe. In der Hochzeitsnacht werde ihn das unweigerlich entlarven.

»Cojo« – die Geschichte spielt in Madrid – ist das spanische Wort für »lahm«, aber die Hoden heißen umgangssprachlich »cojones«. Der Gehilfe symbolisiert somit an diesem Wendepunkt des Films die beiden Möglichkeiten, die Alonzo offenstehen. Bei Browning, wie gesagt, wird alles wörtlich genommen: von Rauschzuständen bis zu Freud'scher Theorie. Durch das operative Entfernen eines Daumens sollte der Symbolik Genüge getan sein, aber bei Browning haben Gedanken ihre eigene Dynamik. So nimmt das Kastrationsdrama seinen Lauf, und Alonzo läßt sich beide Arme amputieren. Als er aus dem Krankenhaus zurückkommt, erfährt er, daß Nanon ihre Neurose überwunden hat und Malabar, den Starken Mann, heiraten will. Malabar bereitet gerade seine neue Nummer vor, in der er zwei Pferde auf für das Publikum unsichtbare Laufbänder stellt (Browning entlarvt wieder einmal die Schausteller und ihre Tricks) und durch Ketten mit seinen Handgelenken verbindet. Nanon treibt die Tiere mit der Peitsche an. Wenn jedoch das Band stillsteht oder zu langsam läuft, reißen die Tiere Malabar die Arme aus. Am Abend also setzen Malabar und Nanon vor fasziniertem Publikum ihre SM-Maschinerie in Gang. Alonzo jedoch reduziert mehr und mehr die Bandgeschwindigkeit. Als Nanon versucht, Malabars Arme zu retten und dabei selbst in Lebensgefahr gerät, rettet Alonzo sie und wird zertrampelt.

Hollywood war mittlerweile wegen diverser Sexskandale und obskurer Sexualpraktiken seiner Stars unter Beschuß geraten. Die Kritiker reagierten erstmals empört auf das neueste Produkt der Herren Browning und Chaney. Verglichen mit ihnen, hieß es, sei sogar Erich von Stroheim »ein Apostel der Lieblichkeit und des Lichts«.

»Der Verdacht«, schrieb die *New York Sun* (zitiert nach Skal/Savada, 114-15), »daß der Film von Nero geschrieben, von

Lukrezia Borgia inszeniert, vom Schatten Edgar Allan Poes zusammengefügt und von einem bekannten Anhänger der Vivisektion ausgeleuchtet worden sei, ist völlig unbegründet ... *The Unknown* ist nichts weiter als eines jener süßen Stückchen Spitze, wie nur Tod Browning sie entwirft und ausführt.« Der *Daily Mirror* empfahl den Film denen, die gern Schmetterlingen die Flügel ausreißen und zusehen, wie Wurst hergestellt wird. Von diesen gab es mehr als erwartet, das Publikum war empfänglicher als die Kritiker: *The Unknown* wurde wieder ein großer finanzieller Erfolg.

Brownings Interesse an sexuell konnotierter Verstümmelung führte dazu, daß kolportiert wurde, er habe bei seinem Autounfall selbst einen irreversiblen Schaden im Genitalbereich erlitten. Skal und Savada finden das »psychologisch naiv«, spekulieren aber darüber, daß der Träger einer Prothese bei seinem Autounfall die Zähne verloren habe – mit den entsprechenden psychosexuellen Auswirkungen, da für einen Mann die Zähne Aggression, Männlichkeit und die Fähigkeit zur Erektion bedeuten, ihr Verlust daher als eine Art Kastration empfunden werden könne.

Biographische Erklärungsversuche dieser Art bleiben unbefriedigend, weil sie ein komplexes Phänomen auf eine persönliche Neurose reduzieren. Browning ist interessant wegen seiner Filme, nicht wegen seiner privaten Probleme, über die man ohnehin nur mutmaßen kann. Gerade der Film aber arbeitet ständig mit Zerstückelungen der menschlichen Gestalt, kaschiert diese durch das von Hollywood perfektionierte System des unsichtbaren Schnitts und betreibt zugleich den Kult des schönen Körpers und der Ganzheit. In Großaufnahmen werden Köpfe abgeschnitten, in Detailaufnahmen Hände und Füße, und hinterher wird alles regelgerecht wieder zusammengesetzt, um die Illusion des Lebens nicht zu zerstören.

In gefährlichen Szenen sehen wir (in Totalen) die Körper der Kaskadeure: Schon seit den Zeiten des Stummfilms werden (bei Detaileinstellungen) *body doubles* beschäftigt, sobald eine Körperpartie des Schauspielers vor dem strengen Blick der Ästheten nicht bestehen kann, und zusammengehalten wird das alles durch das Gesicht eines Stars.

Browning setzt dem das Unästhetische und Deformierte entgegen, das nie vollkommen und nie ganz sein wird. Sein Star ist »der Mann mit den tausend Gesichtern«, über den folgender Witz im Umlauf war: »Tritt nicht drauf, es könnte Lon Chaney sein.«

Chaney etablierte die Figur des Doppelgängers im amerikanischen Film. In *Outside the Law* tritt er gleichsam aus sich heraus wie der Student von Prag. Als wäre ihm das nicht genug, wechselt er zugleich die ethnische Zugehörigkeit, ist ebenso Black Mike wie Ah Ling – und der Chinese trifft sich beim Schuß auf Black Mike nicht selbst, weil er längst ein völlig anderer geworden ist, der im nächsten Film mit neuem Kostüm und mit neuem Körper auftauchen wird.

»Der groteske Leib«, notiert Bachtin in seinen Schriften über den Karneval, »ist immer im Aufbau begriffen, im Erschaffenwerden« (16), denn »die Groteske kümmert sich [...] nicht um jene taube Fläche, die den Körper als Einzelphänomen abschließt und abgrenzt« (18).

Wie der Film kam auch Browning vom Zirkus und vom Jahrmarkt, aber anders als dieser verleugnete er seine Wurzeln nicht, stellte sie vielmehr zur Schau wie einen kostbaren Besitz. In Hollywood mußte das immer suspekter werden, je weniger die Studios sich im Laufe der Jahre an die eigene Vergangenheit erinnern wollten.

Browning inszenierte ein ums andere Mal *seine* Version des Karnevals, doch während die Filme im Vergleich mit anderen durchaus von Bachtins Offenheit und »fröhlicher Zerstückelung« (36) zeugen, sind sie für sich betrachtet eher der finstere Doppelgänger des Karnevals, wie dieser ihn charakterisiert. »Ein Teil des jungen Mannes«, schreibt Stein (17), »der sich seinen Lebensunterhalt als hypnotisierter Leichnam verdient hatte, würde sich immer in Caligaris Cabinet wohler fühlen als draußen in der Welt. Der natürliche Wohnort von Brownings

Psyche war ein Dachboden, eine Gruft, ein Schrank, ein Sarg, ein Schatten, eine Treppe, ein Torso. Sonnenlicht, Felder, Wüsten und offene Räume erfüllten sie mit Entsetzen.«
Tod Browning versteht es wie kaum ein zweiter, mit wenigen Einstellungen Atmosphäre zu schaffen. Seine Filme beginnen mitten in der Handlung. Längst ist etwas passiert, das sich nicht mehr rückgängig machen läßt, und deshalb gibt es auch kein Entrinnen. Kaum vorstellbar, daß seine Filme mit einer Panoramaeinstellung anfangen könnten, denn das würde womöglich ein Stück Himmel zeigen, ein Gefühl von Weite erzeugen. Wenn die Kamera sich bewegt, dann wie in *Dracula*, wo sie direkt auf den Sarg des Vampirs zufährt. Aber das kommt später. Die Dynamik der Stummfilme hat nur mit dem geschickten Schnitt und der Vielzahl an Informationen zu tun, mit denen er seine Einstellungen füllt; die Kamera ist fast immer statisch. Das hat ihm den Vorwurf eingetragen, »unfilmisch« zu sein, dabei bleibt er lediglich dem Kino treu, wie es einmal war, bevor das Bürgertum seine ästhetischen Vorstellungen durchsetzte.

Tageslicht gibt es nur selten in den Filmen, und am liebsten steckt Browning seine Charaktere in enge Kisten, als wäre das Dunkel der Nacht noch zu wenig. Diese Kisten allerdings sind mit Gucklöchern versehen wie in *White Tiger*, wo einer der Diebe in einem »Schachtürken« versteckt ist, um die perfekte Mechanik des Apparats vorzutäuschen und zugleich die Gaffer beobachtet. Die Filme sind mit Voyeuren bevölkert, aber im Gegensatz zum Kinozuschauer geben sie sich nicht damit zufrieden, in ihrer Beobachterposition zu verharren, sondern warten nur auf einen günstigen Moment, um in die Handlung einzugreifen. In den Stummfilmen ist es ein schneller Schnitt, später vielleicht ein kurzer Schwenk, der uns zeigt, wer im Dunkeln auf Beute lauert. Egal, ob die Geschichten in London, Madrid, Los Angeles oder Transsylvanien spielen: Brownings Welt ist ein Dschungel.

Sich Schauplätze in Asien und Afrika zu suchen, war die natürliche Konsequenz. In *West of Zanzibar* (1928) spielt Chaney einen querschnittsgelähmten Zauberer, der sich wie Johnny

Eck auf den Händen vorwärtsbewegt. Ein Mann hat ihm die Frau gestohlen, und sein Rachedurst führt ihn zu einem Kannibalenstamm, wo ihn die alten Zirkustricks zum Voodoopriester aufsteigen lassen. Statt aber im MGM-Archiv nach Originalaufnahmen voller Lokalkolorit zu suchen, verlegte Browning den Großteil der Handlung – eine obsessive Vater-Tochter-Beziehung – lieber in die Enge einer Hütte, die Chaney erst verläßt, um auf dem Scheiterhaufen verbrannt zu werden. Seine Tochter, eine Prostituierte, wird ein neues Leben beginnen.

In *Where East Is East* (1929) ist die Mutter Prostituierte und versucht, den Bräutigam der Tochter zu verführen. Schauplatz ist Laos. Der Film beginnt mit dunklen, engen Dschungelbildern. Ein Tiger streift durch die Wildnis, wird sofort in eine Falle gelockt und in einen Käfig gesperrt – Stein nennt das einmal »Klaustrophilie«. Lon Chaney läßt dafür später einen Affen frei, der nie das Leid vergessen hat, das die Mutter ihm einst antat. Eigentlich kennt man nur nachtragende Elefanten, doch auch der Affe rächt sich, er erwürgt die Frau. Das zugefügte Leid wird nicht näher spezifiziert.

Geschichten dieser Art waren dem Publikum, der Kritik und der Zensurbehörde immer weniger zu vermitteln. *Where East Is East* war die letzte Zusammenarbeit von Browning und dem bereits todkranken Chaney. Ihr letzter gemeinsamer Erfolg war der verschollene *London After Midnight* (1927) gewesen. Chaney tritt darin in der Doppelrolle eines mit hypnotischen Kräften begabten Polizisten und eines Vampirs auf, dessen Existenz sich am Ende als Schwindel erweist.

Erhaltene Szenenphotos dieses verschollenen Films lassen ahnen, daß Browning sich ästhetisch am Chiaroscuro des deutschen Expressionismus orientierte wie eigentlich immer seit *The Unholy Three*, wo die Schatten zum ersten Mal ein Eigenleben zu führen scheinen. Sein Inhalt ist bekannt, weil der Regisseur 1935 ein Remake inszenierte (*Mark of the Vampire*) und die Handlung stark an Deanes und Balderstons Bühnenadaption von Bram Stokers *Dracula*-Roman erinnert.

London After Midnight ist noch aus einem anderen Grund interessant: Der Mörder eines Dienstmädchens machte 1929 den Film für seine Tat verantwortlich. In einer Wahnvorstellung sei ihm Lon Chaney im Hyde Park erschienen und habe ihn gezwungen, der Frau die Kehle durchzuschneiden. Der Verteidiger plädierte auf vorübergehende Unzurechnungsfähigkeit, die Geschworenen fällten ein Todesurteil, das Urteil wurde dann aber auf Veranlassung des Innenministers ausgesetzt – aus medizinischen Gründen, wie es hieß.

Browning drehte damals gerade *The Thirteenth Chair*, mit dem als Bühnen-Dracula bekannt gewordenen Bela Lugosi als Polizeiinspektor. Lugosi spielt die Rolle, als sei er immer noch der Vampir. Das macht die Figur unglaubwürdig; aber vielleicht war Browning mehr an einem Leinwandtest des Ungarn gelegen, denn er plante bereits jene *Dracula*-Verfilmung, mit der ihm – jetzt wieder bei Universal – 1931 sein größter Erfolg gelang.

Dennoch war er bei Universal nicht glücklich. Das Studio griff massiv in seine Konzeption des Films ein, der Anfang (Renfields Fahrt zum Borgo-Pass) ist offensichtlich nicht von ihm inszeniert, und nachts drehte George Melford in denselben Kulissen eine zweite Version für den spanischsprachigen Markt, die heute allgemein als die gelungere gilt.

Browning war dann am besten, wenn er selbst seine Stoffe entwickeln und in der ihm gemäßen Weise verfilmen konnte: in enger Abstimmung mit dem Hauptdarsteller und mit viel Raum für Improvisation und nachträgliche Änderungen. Am liebsten arbeitete er, meist nachts, noch an der Geschichte, während längst gedreht wurde, beim Schnitt oder durch das Einfügen von Titelkarten konnten auch danach noch größere Korrekturen vorgenommen werde.

Der Tonfilm verlangte mehr Vorausplanung, Dialoge ließen sich nachträglich nur schwer ändern, und die Studios setzten jetzt mehrere Autoren an die Rohfassung eines Drehbuchs, um jeweils einzelne Teile zu überarbeiten. Die fabrikmäßige Fertigung von Filmen ließ durch die Erfordernisse des Tonfilms noch weniger Raum für abweichende Produktionsformen.

Das galt für alle Studios, nicht nur für Universal. Nach Erfüllung seines Vertrags mit den Laemmles fand Browning deshalb auch bei MGM nicht mehr die gewohnten Arbeitsbedingungen vor. Immerhin konnte er – mit dem Erfolg von *Dracula* im Rücken – ein letztes persönliches Projekt so realisieren, wie er es sich vorstellte: *Freaks*.

Robert Bogdan hat aufgezeigt, wie sehr die Freak Show Teil des öffentlichen Lebens im 19. Jahrhundert war. 1841 eröffnete P.T. Barnum in der besten Gegend New Yorks sein American Museum, wo er Mißgebildete und angebliche oder tatsächliche Angehörige fremder Kulturen gegen Gebühr zur Schau stellte. Mathew B. Brady, damals Amerikas berühmtester Photograph, machte Lichtbilder von ihnen, die sich größter Beliebtheit erfreuten. Als das Museum 1868 abbrannte, hatte es geschätzte 41 Millionen Zuschauer angezogen. Und es gab mittlerweile überall im Land *dime museums* (benannt nach dem Eintrittsgeld: ein Dime = 10 Cents), die Barnums Erfolgsrezept nachahmten.

Mit der Nachfrage aber stieg die Zahl der Betrüger, und auch der Charakter der Darbietungen wandelte sich. Zuerst war nur klassifiziert worden, man hatte nicht nach den Ursachen der Normabweichung gesucht. Freaks waren einfach nur anders, krank waren sie nicht. Das änderte sich mit dem gestiegenen Status der Ärzteschaft. Hatte man vorher frei über die »menschlichen Kuriositäten« spekulieren können, wollten die Ärzte sie nun bemitleidet wissen, sie im Krankenhaus behandeln und den Augen der Öffentlichkeit entziehen. Als zu Beginn des 20. Jahrhunderts die sozialdarwinistisch geprägte Eugenik-Bewegung aufkam, waren mißgestaltete Menschen plötzlich sogar eine Gefahr für das Erbgut, vor der man sich schützen mußte.

Die 1890er Jahre erlebten den Höhepunkt der *dime museums*. Anfang der 1930er Jahre galten die Freak Shows als makabrer Tiefpunkt einer vor keiner Peinlichkeit zurückschreckenden

Jahrmarktskultur. Die *Freaks*-Kritik der *New York Times*, in der die Aufführung des Films im Städtischen Krankenhaus statt im Kino nahegelegt wird, zeugt von der neuen Einstellung.

Nach Lon Chaneys Tod und *Dracula* hatten viele erwartet, Browning würde seine deformierten Körper jetzt durch die übernatürlichen Monster des Horrorfilms ersetzen. Einzelne Zeitungen sparten nicht mit vorab erteiltem Lob. Als er aber stattdessen Chaney und Dracula durch die Siamesischen Hilton-Zwillinge, Prince Randian, den »lebenden Torso«, und Johnny Eck ersetzte, muß das wie eine bewußte Provokation erschienen sein. Zumal Browning weder verniedlicht noch sentimentalisiert, sondern wehrhafte Freaks zeigt, die zudem das übliche Muster der von Universal hergestellten Horrorfilme umdrehen: am Ende wird nicht das Monster von der Dorfbevölkerung gehetzt, das fahrende Dorf der Freaks macht sich hinter den »Normalen« her.

Was dann geschah, hat Jack Stevenson ausführlich beschrieben: MGM, das nur vollkommene Körper sehen wollte, verstümmelte den Film und kürzte ihn um eine halbe Stunde. Tod Browning, der Regisseur, war erledigt. Trotzdem realisierte er, neben einer Vielzahl von gescheiterten Projekten, noch vier Filme für MGM, deren Stoffe zur Beruhigung der Zensurbehörde allerdings schon in der Drehbuchphase bis zur Unkenntlichkeit verändert wurden. Zumindest ansatzweise verraten sie aber noch seine Handschrift wie in *The Devil-Doll* (1936): die Tochter der Hauptfigur (Lionel Barrymore in Lon Chaneys Kostüm aus *The Unholy Three*) verdient nachts Geld als Serviererin in einer finsteren Kneipe, und da von Browning verlangt wurde, ihre innere Reinheit zu zeigen, läßt er sie tagsüber in einer Wäscherei arbeiten.

Nach seinem Film *Miracles for Sale* (1939) erhielt er dann aber nur noch Arbeit in der Drehbuchabteilung von MGM. (Erich von Stroheim, dessen Ideenreichtum man ebenfalls ausbeuten wollte, ohne ihm noch einmal die Regie eines Films anzuvertrauen, war vor ihm dasselbe passiert: Stroheim schrieb am Drehbuch zu *The Devil-Doll* mit, übernommen wurden seine Ideen nicht.)

Am 3. Januar 1942 lief Brownings Vertrag bei MGM aus, eine Verlängerung scheint niemand erwogen zu haben. Finanziell war er abgesichert, also zog er sich ins Privatleben nach Malibu zurück. Als 1944 seine Frau Alice starb, schottete er sich weiter ab. In der Nacht zum 6. Oktober 1962 starb er an den Folgen eines Krebsleidens.

Wenigstens in den 40er Jahren dürfte er noch einmal auf ein Comeback gehofft haben; seine Karriere war ja auch zuvor schon des öfteren am Ende gewesen, und er hatte sich dann doch noch jedes Mal wieder von den Rückschlägen erholt. Wahrscheinlich gestand er es sich nicht ein, wie sehr er bereits in Vergessenheit geraten war. An seiner Art des Filmemachens bestand kein Bedarf mehr. Das ist nicht nur darum schade, weil er nach dem nicht ganz geglückten Versuch mit dem Affen sicher noch Verwendung für einen Elefanten mit gutem Gedächtnis gefunden hätte.

Adrian, Werner. *Freaks: Cinema of the Bizarre*. London: Lorrimer, 1976.

Anderson, Robert G. *Faces, Forms, Films. The Artistry of Lon Chaney*. New York: Castle Books, 1971.

Bachtin, Michail M. *Literatur und Karneval*. Aus dem Russischen übersetzt von Alexander Kaempfe. Frankfurt/M.: Fischer, 1990.

Bogdan, Robert. *Freak Show. Presenting Human Oddities for Amusement and Profit*. Chicago und London: University of Chicago Press, 1988.

Fiedler, Leslie. *Freaks. Myths and Images of the Secret Self*. Harmondsworth: Penguin, 1978.

Hoberman, J. und Jonathan Rosenbaum. *Midnight Movies*. New York: Harper & Row, 1983.

Hunter, Jack. *Inside Teradome. An Illustrated History of Freak Film*. London: Creation Books, 1995.

Rosenthal, Stuart. »Tod Browning«. *The Hollywood Professionals, Bd. 4*. Hg. Peter Cowie. New York: A.S. Barnes, 1975, 6-66.

Rosenthal, Stuart u.a., Hg. *fant'america, 1: Tod Browning, Lon Chaney*. Triest: La Cappella Underground, 1977.

Schumacher, Gert-Horst. *Monster und Dämonen. Unfälle der Natur: Eine Kulturgeschichte*. Berlin: edition q, 1996.

Skal, David J. und Elias Savada. *Dark Carnival. The Secret World of Tod Browning*. New York u.a.: Anchor Books, 1995. (Spanische Ausgabe mit mehr und besser gedruckten Illustrationen: *El carnaval de las tinieblas: El mundo secreto de Tod Browning*. Festival International de Cine de San Sebastian, 1996.)

Stein, Elliott. »Tod Browning.« *Cinema: A Critical Dictionary Bd. 1*. Hg. Richard Roud. London: Secker & Warburg, 1980, 156-166.

Stevenson, Jack, Hg. *Pandemonium. Theird issue: Freaks, Magicians & Movie Stars*. Cambridge, Massachusetts, 1989. (Zu Johnny Eck: 153-188)

Wood, Bret. »The Devil Doll: Tod Browning vs. MGM and the Breen Office.« *Film Comment 28.6* (November-Dezember 1992): 52-56.

Ed Gein – A Quiet Man

Norman Bates, Leatherface und die anderen haben ihn zur Legende werden lassen: den Mörder und Nekrophilen Ed Gein. »Ed Gein was not a good man«, schrie Lux Interior einmal, »but he was great man.« Das war Ed natürlich nicht ... ist er nie gewesen.

»Mother, she's just a stranger
She's young and it's raining out
She's down at the motel
Thought I'd go back and check her out
I just checked her in but ... «, singt Rod Mc Donald unnachahmlich leise und melancholisch. Norman heißt das Lied, und es klingt, als wäre es aus einer anderen Welt. Aber Bates Motel ist das Ende der Welt, jedenfalls für Janet Leigh in Alfred Hitchcocks Film PSYCHO.

»THE TEXAS CHAIN SAW MASSACRE ist der einzige Film, der mir wirklich je Angst gemacht hat.« William Lustig, Regisseur von MANIAC

»Und da«, erzählte Werner Herzog einmal, »deutet Bud hinter sich, sei der Friedhof. Der sei jetzt schon seit zehn Jahren geschlossen. Da habe Ed nachts immer herumgebuddelt.«

Hannibal Lecter in THE SILENCE OF THE LAMBS zur FBI-Agentin Starling alias Jodie Foster: »Oberste Prinzipien. Simplification. Bei jedem einzelnen Ding die Frage, was es in sich selbst ist. Was ist seine Natur? Was tut er, dieser Mann, den Sie suchen?«

Das ultimative Buch zum bizarrsten Kriminalfall Amerikas und zu den davon inspirierten Büchern, Filmen und Merchandising-Produkten

Herausgegeben von Michael Farin und Hans Schmid
Essays, Artikel, Aufsätze, Songs, Filmmitschriften, Comics, Hinweise aller Art, Bilder, Standfotos, Plakate, Videoprints etc.
389 Seiten, 82 Abbildungen, broschiert, DM 39.8o
ISBN 3-923646-52-6

belleville Verlag Michael Farin Hormayrstr. 15 80997 München

Peter Lorre

Der Verlorene

Roman
Erstausgabe
Mit einem einleitenden Essay von Hellmuth Karasek
sowie Beiträgen von Friedemann Beyer, Harald Eggebrecht, Fritz
Göttler, Felix Hofmann, Claudia Kaiser, Olaf Möller, Hans
Schmid, Monika Spindler, Friedhelm Werremeier und Stephen
D. Youngkin
336 S., 20 Abb., geb. DM 38.-
ISBN 3-923646-40-2

1943: Ein Mann begeht einen Mord. Im Affekt. An seiner Verlob-
ten. Die Gestapo verhindert – gegen seinen Willen – seine Fest-
nahme. Denn seine Forschungsarbeiten gehen vor. Der Staat
braucht ihn. Von da an leidet er unter Zwangsvorstellungen. Eine
Mordserie beginnt.
1951: Der Verlorene, »ein atmosphärisch sehr dicht und quälend
eindringlich gestalteter Film, der in der deutschen Nachkriegspro-
duktion seinesgleichen sucht« (Lexikon des internationalen Films)
wird uraufgeführt. Regie und Hauptdarsteller: Peter Lorre.
1996: Der Verlorene, die Roman zum Film, erscheint erstmals als
Buch.

belleville Verlag Michael Farin Hormayrstr. 15 80997 München